2014年
杭州市民公共文明指数
调查分析报告

董 悦/主 编

沈 翔 张祝平 等/著

SURVEY AND ANALYSIS ON PUBLIC CIVILIZATION INDEX OF

HANGZHOU IN 2014

社会科学文献出版社
SOCIAL SCIENCES ACADEMIC PRESS (CHINA)

杭州市民公共文明指数调查领导小组

杭州市民公共文明指数调查课题组

组　　　长　　沈　翔

执行副组长　　张祝平　朱一斌

副　组　长　　肖剑忠　周文根　周旭霞　尹晓宁

主 要 成 员　　陈海忠　陈明鑫　杨一琼　章伟良　章　琼
　　　　　　　　沈　芬

下设两个分课题组：

1. 问卷调查组

组　　　长　　肖剑忠

主要成员　　陈明鑫　章伟良　沈　芬

2. 现场观测组

组　　　长　　周文根

副　组　长　　陈海忠　杨一琼　章　琼

主要成员　　郑晓丽　王兆婷　陈新农　张香美　葛锦晶
　　　　　　　叶培群　金建伟　金莉莉

专家鉴定（一）

公共文明是现代公民应具有的意识，公共文明的内涵虽有文化及时空所导致的差异，但就现代社会经验而言，其基本内涵具有普遍性：它小至礼貌、谈吐优雅、谦逊、尊重他人、敬老携幼、讲究公共卫生等，大至积极参与和承担公共事务的讨论与决策，并主动维护公共批评、平等参与、民主合议等公共权益。客观上，这是赢得全社会福祉不可或缺的理性约定。城市的公共文明水平究竟怎样？市民的公共文明意识如何？我们一直大力推进的核心价值观建设对公共文明的作用如何？这是人们关注的社会热点问题。

杭州市社会科学院的专家学者于 2015 年 2 月推出了一项关于杭州市公共文明指数的调查，对杭州市公共文明状况给出了一个极具说服力的调查报告。这项调查共发放问卷 3950 份，从公共卫生、公共秩序、公共交往、公共观赏、公益服务、网络文明和公共行为文明认知七个方面进行考察，量化分析杭州市民公共行为的文明状况。调查问卷还设客评（评价主体对周围他人给予的评价）、主评（评价主体对自己的公共行为文明程度给予的评价）和外籍人士评价三个部分。最后确定 6 个二级指标、31 个三级指标（每一个指标代表一种公共文明行为），对其进行量化测评，得出了相应结论。

这一调查指标设计合理，调查方法符合规范，调查数据翔实可靠。研究者还进行了总流量达 1746340 人次的实地现场观测，结果是现场观测与问卷调查结论基本吻合。因此，本次调查结论令人信服。从调查结果看，2014年杭州市民公共文明综合指数为 83.63，公共文明素养总体较高，体现了近年来杭州市积极推进"全国文明城市"创建工作和"我们的价值观"主题实践活动、大力提升市民公共文明素养所取得的积极成果。其中，公共交往获最高评价，杭州市民注意尊重和帮助他人，在人际交往中注重"自觉排队"。当然，也有一些需要努力提升的地方，如公共卫生意识需要增强，公益服务指数有待提升，高层次的现代文明素养还需要引导。但总体来说，杭州市公共文明总体处于较高水平，杭州市民的主体性意识和地域归属感强，有积极参与城市公共文明建设的热情，公共文明创建工作进入良性发展阶段。

杭州市社会科学院进行这样的调查很有意义，不仅对杭州市精神文明建设极具重大理论和实践价值，而且对浙江省公共文明建设具有启示和引领意义。从小事入手，不因善小而不为，推进公共文明扎实有效地稳步提升。我们也希望杭州市社会科学院推出更多有价值、有分量的社会热点问题调查，使社会科学更好地服务社会、服务公众。

中国社会学会常务理事、浙江省人民政府咨询委员会委员、
浙江省社会学会会长、浙江省社会科学院公共
政策研究所所长　杨建华　研究员

专家鉴定（二）

城市市民的公共文明状况，与这座城市在经济社会发展进程中所展现出来的整体风貌和发展质量直接关联。杭州市社会科学院课题组主持完成的对市民公共文明指数的实证调查研究，紧密结合杭州的实际，在诸多社会生活领域展开调查研究。该项研究不仅具有非常重要的理论价值，而且具有相当明确的实践指向意义。

该项研究的整体框架和指标体系设计科学严谨，问卷调查、个案访谈、实地研究等实证调查方法运用规范，样本选取和数据采集量大面广，较为全面地反映了研究对象的总体情况。在指标体系构建中着力突出市民文明状况的公共特征，以及在研究中进行大量的现场观测，是该项研究的特点和亮点。

研究报告对现状的评价、对存在问题的分析以及所提的政策建议，符合杭州的实际，在杭州市乃至浙江省的公共文明建设推进实践中都具有很强的针对性和可操作性。尤为值得肯定的是，该项研究系全国省会城市的首创之举，这样的探索本身就富有创新意义，同时也会给其他城市的研究和实践提供有益的借鉴与启示。

建议：①立足已有的良好基础，持续展开跟踪研究，每年形成年度报告，以及时跟进和有效指导文明建设实践；②指标体系的整体结构还可以适当优化调整，一些细化指标也可适当增删。

中共浙江省委党校哲学部副主任 李 一 教授

专家鉴定（三）

近年来，在杭州市各级党委和政府的高度重视与着力推动之下，全市精神文明建设，特别是城市公共文明创建工作成效显著。"2014年杭州市民公共文明指数调查"的结果可以说比较真实地反映了当前杭州市民的文明状况，同时也是对地方各级党委和政府推进精神文明建设工作绩效的评估。因此，构建市民公共文明指数并实施相应调查，对于提升市民文明素质的发展水平、提高群众性精神文明创建工作的成效、增强精神文明建设工作的针对性和有效性，无疑都有着十分重要的现实意义和理论价值。

2014年杭州市民公共文明指数研究及调查时间紧、工作量大。但是，目前呈现的综合报告、问卷分析报告和现场观测报告，从主观和客观两个层面，从当事人和旁观者的角度，在各区数据分析及综合的基础上，对杭州市民的精神文明现状做出了较为客观、真实的科学评价。在构建公共文明指数的同时，分别对调查对象本人和周围其他人进行评价。除本市市民外，还对在杭生活半年以上的外籍人士进行评价。在进行主观评价的同时，还组成庞大的研究人员队伍，在与市民公共文明素质相关的多个场所进行实地观察，形成了多层面、多角度、多视点、较为全面的评价途径，其中许多做法具有创新性，较好地体现了评估工作的要求，同时也提高了评价结论的准确性。这是尤其需要肯定的，这对今后其他地区的类似研究，也有着重要的推广和借鉴作用。

但是，该研究工作仍然有一些可以改善和提高的地方。例如，由于时间的限制，课题组并没有对相关指标的效度做出科学的检验。将原来的五级评分扩展到百分制，表面上看来似乎更精确，但可能扩大了评估结论的误差。此外，对市民公共文明素质的实地观察，由于无法区分观察对象是否真正是本地市民，尤其对杭州市这样一个旅游城市来说，可能无法真正达到本欲实现的研究目的。

　　总体上来说，该研究具有创新性，对于科学评价城市居民的公共文明素质具有示范意义，在进一步完善之后具有推广价值。

　　　　　　浙江工业大学政治与公共管理学院副院长　方巍　教授

专家鉴定（四）

在现代社会，公众的文明程度实际上也是城市软实力的重要组成部分，甚至也是生产力。杭州市民公共文明指数调查课题组完成的《2014年杭州市民公共文明指数调查分析报告》，首次对杭州市民的文明状况进行了较为深入的调查研究。课题组采用指数形式加以表达，便于进行横向与纵向比较，总结经验，寻找差距，提出对策。评价比较准确，提出的对策建议有较强的针对性，因此该研究对推进精神文明建设工作具有重要意义。

工作扎实，调查深入。调查以入户调查和现场观测为主，同时辅以个案访谈、座谈会等形式。完成了调查分析报告1篇、问卷分析报告3篇、现场观测报告8篇，成果丰富。

指标体系合理。指数的核心是指标体系的构建，调查从公共卫生、公共秩序、公共交往、公共观赏、公益服务、网络文明和公共行为文明认知七个方面进行考察，并分别设客评、主评和外籍人士评价二、三级指标。实地现场观测重点围绕公共卫生、公共秩序、公共交往、公共观赏等展开。

报告有待进一步完善。例如，只说明了调查样本并未说明抽样方案且未做检验，使读者对样本的代表性不太了解；有的表述欠严谨；等等。

建议进一步完善后尽早出版。

杭州师范大学社会建设和社会管理

研究中心常务副主任　秦均平　教授

专家鉴定（五）

在杭州蝉联"全国文明城市"的背景下，该项课题就杭州市民公共文明指数进行专项调查与测评，是促进文明城市创建、形成长效监管机制的重要手段。因为文明的建设主体是市民，市民在公共场所、公共领域、公共事务中的一言一行都是构成城市文明的重要见证。通过调查测评，可以及时发现市民公共文明行为中的某些不足，以便找准问题"以测促创"，不断提升市民素质，提供文明城市治理思路，促进城市软实力提升。

该项课题通过问卷调查和实地现场观测，并将问卷分为主评问卷和客评问卷，分别设立三级指标，不仅调查方式多样，而且样本量较大，样本覆盖8个城区，对市民进行分类调查和观测。该项课题在入户调查和现场观测的同时，辅以个案访谈、座谈会等形式，调研方法科学，技术路线正确，各类调查（观测）指标设计合理，从不同层面比较系统地反映了市民公共文明认知与行为，数据翔实可信。课题研究在总体评估的基础上，分别从性别、年龄、学历、职业等角度对不同群体（包括外籍人）市民的公共文明程度进行交叉分析，由此建立的测评指标体系和评估方法在国内副省级城市中具有创新性，对于其他城市具有借鉴价值。

该项课题所得出的2014年杭州市民公共文明综合指数为83.63（其中主评指数为90.33，客评指数为79.16，实地观测不文明现象总体发生率为2.89%）的结论可信，表明杭州市民公共文明素养已处于较高水平。课题还得出"杭州市民公共文明素养总体较好，公共文明创建工作进入良性发展阶段；杭州市民的主体性意识和地域归属感强，有积极参与城市公共文明建设的热情"等公共文明现状特征符合杭州实际，与平时感悟到的"杭州人比较热情"基本吻合。课题所指出的相关不足，如私家车主（行车）表现欠佳、网络空间公共文明建设面临新挑战等问题值得关注，表明社会转型期市民公共文明素质仍有较大提升空间。课题提出还需开展对集中突出不文明现象的专项整治、规范公共行为文明标识、积极营造良好的志愿者服务和公益事业发展氛围等提升市民公共文明行为的六项对策切实可行，对杭州市委制定相关政策具有较好的借鉴意义。

课题有待进一步完善的地方：第一，建议采用计量工具对市民公共文明指数的影响因素进行综合回归分析和逻辑判断，量化各类指标的影响程度，进而提出更有针对性的提升市民素质的对策；第二，建议从文化根源、社会制度、经济因素等更深、更高的层次分析影响市民公共文明行为的深层次原因，进而更好地探讨治本性对策。

中共杭州市委党校市情研究所所长　朱明芬　研究员

目　录

附　录

前　言

　　近年来，杭州市始终把精神文明建设作为推进社会主义核心价值观体系建设和文化名城强市建设的基础工程和重要内容来抓，持续推进"全国文明城市""全国卫生城市""国内最清洁城市"创建工作，积极探索社会主义核心价值观融入日常群众性精神文明创建活动的新思路、新途径、新载体，"我们的价值观"深入百姓生活，"最美"现象由"盆景"变"风景"成为风尚，"不当绅士当战士"让网络空间清朗起来，营造了杭州市公共文明的良好环境，滋养着城市文化与市民文明素质的共同成长，为打造美丽中国的杭州样本奠定了基础。

　　市民公共文明指数，是评价市民在公共场合中行为文明的量化指标，它是一座城市整体文明与和谐程度最直接、最具体的体现。2014年10月~2015年2月，中共杭州市委宣传部、杭州市文明办委托杭州市社会科学院组织开展了2014年杭州市民公共文明指数调查工作。开展杭州市民公共文明指数调查的目的在于更好地把握当前杭州市民的文明状况，准确评价市民文明素质的发展水平和群众性精神文明创建工作的成效，不断增强精神文明建设工作的针对性和有效性。北京市于2005年委托中国人民大学开展了北京市民公共文明指数调查工作，为全国首例。杭州市民公共文明指数调查在全国省会城市尚属首次。

　　本次调查以问卷调查和现场观测为主，同时辅以个案访谈、座谈会等形式。调查问卷由客评（评价主体对周围他人给予的评价）、主评（评价主体对自己的公共行为文明程度给予的评价）和外籍人士评价三部分组成。调查对象为16~69岁的杭州市民（包括城区居民、城郊农民和外来务工人员）及在杭州居住生活半年以上的外籍人士，样本涵盖当时的杭州市上城、下城、江干、拱墅、西湖、滨江、萧山、余杭八区①。为更好地体现此项调查的科学性、准确性、可比照性和可持续性，在整个调查工作中，我们比较注重抓好以下几个环节。

一是构建合理的指标体系。研究制定《杭州市民文明素养指数调查实施方案》（杭文明办〔2014〕28 号），结合《2014 年杭州市民文明素养指数调查问卷》（杭统〔2014〕144 号），对本次调查问卷的构成要素及具体指标进行筛选，设置客评和主评 2 个一级指标，公共卫生、公共秩序、公共交往、公共观赏、公益服务、网络文明 6 个二级指标，以及 31 个三级指标，由此构成 2014 年杭州市民公共文明指数的指标体系。其中，网络文明在城市公共文明程度评价研究中首次被引入。

二是开展入户问卷调查。按统计抽样方法，对 3650 名杭州市民（包括杭州八城区居民、城郊农民和外来务工人员）及 300 名在杭居住生活半年以上的外籍人士进行入户问卷调查，有效回收问卷 3858 份（含外籍人士283 份），问卷有效回收率为 97.67%。

三是组织现场实时观测。课题组借助在杭高校力量，组织 100 余名师生组成 8 个现场观测组，在全市八城区 120 个公共场所（含公园、广场、医院、商场、超市、学校、社区、影院、博物馆、公交站、地铁口、码头、交叉路口、公交线路等），对 1746340 人次进行了累计近 7000 小时的实地现场观测，获取 100 多万个第一手现场观测数据。

四是开展公众访谈、座谈。课题组还组织召开由社区干部、市民代表、城市管理人员、社会公益组织负责人及在杭外籍人士参加的座谈会和个别访谈若干场，同时收集社会各界富有针对性、建设性的意见和建议。

五是组织专家学者论证。课题组在统计调查数据和实证分析的基础上，反复征询相关领域专家的意见，组织省、市有关社会科学研究专家对课题成果进行专题论证，对调查方法的科学性、调查结果的客观性和对策建议的可行性提供了有力支撑。

---

① 因调查实施方案确定时，富阳尚未正式建区，故未列入调查范围。

　　六是开展科学统计分析。课题组采取数理统计原理和方法，对大量数据进行汇总统计，按照主评与客评4∶6的比例进行综合加权，得出2014年杭州市民公共文明综合指数，并将这一年的指数作为杭州市民公共文明指数的基数。

　　统计结果显示，2014年杭州市民公共文明综合指数为83.63，总体反映了杭州市民公共文明程度处于较高水平。同时，杭州市民对公共行为文明规范的认知度较高，对文明建设成效的认可度较高，对提升文明形象的期望值也较高。杭州公交车在斑马线前礼让行人，杭州市民在人际交往中注重"微笑"，"有礼貌"，并热心、乐意帮助他人，杭州市民的主体意识和地域归属感强，杭州市民的网络文明程度较高，杭州市民对"全国文明城市"创建和"我们的价值观"主题实践活动等的知晓度和认知度高，杭州市民在公共场所"乱写乱画，攀登或脚踏雕塑和碑碣等公物""随地吐痰""在禁烟场所抽烟"等行为的不文明现象发生率低，等等，已成为杭州市民公共文明建设的亮点。

　　总体来看，杭州市民文明素养与城市文明建设相互影响、相互促进。"全国文明城市"创建活动的开展和社会主义核心价值观实践的广泛深入，大大提升了城市文明程度和市民文明素质，公共文明创建工作进入了良性发展的阶段。但是，我们也注意到，城市文明建设中还存在一些共性的不文明顽疾，杭州市民在文明习惯养成、文明素养培育、文明行为倡导方面仍有较大的提升空间，文明建设进一步深入、持续、有效地推进仍有不少工作要做。例如，市民的自发参与式现代文明素养还需要引导和鼓励，市民的公共卫生意识仍是推进城市精神文明创建工作的重点，网络空间公共文明面临新的挑战，等等。同时，面对城市发展中不断出现的新情况、新问题，杭州市民公共文明领域也面临一些新的课题，需要全市上下共同努力，加以解决。

综合报告

2014年杭州市民公共文明指数
调查分析报告

为更好地把握当前杭州市民的文明状况，准确评价市民文明素质的发展水平和群众性精神文明创建工作的成效，不断增强精神文明建设工作的针对性和有效性，2014年10月～2015年2月，中共杭州市委宣传部、杭州市文明办和杭州市社会科学界联合会联合组织开展了2014年杭州市民公共文明指数调查工作。本次调查重点考察杭州市八城区市民在公共场所中的行为文明状况。调查中，杭州市社会科学院研究人员与在杭高校100余名师生团结协作，根据《杭州市民文明素养指数调查实施方案》（杭文明办〔2014〕28号）的要求，运用《2014年杭州市民文明素养指数调查问卷》（杭统〔2014〕144号）和市民公共文明素养指标体系，对3650名杭州市民（包括杭州八城区居民、城郊农民和外来务工人员）及300名在杭居住生活半年以上的外籍人士进行了入户访问，在全市八城区120个公共场所（含公园、广场、医院、商场、超市、学校、社区、影院、博物馆、公交站、地铁口、码头、交叉路口、公交线路等），对1746340人次进行了累计近7000小时的实地现场观测。调查显示，2014 年杭州市民公共文明主评指数为 90.33，客评指数为 79.16，实地观测不文明现象总体发生率为 2.89%，综合指数为 83.63，市民公共文明素养处于较高水平。

一 调查样本分布与指标体系的设置

（一）调查样本的选择与分布

本次调查以入户调查和现场观测为主，同时辅以个案访谈、座谈会等形式。入户调查对象的范围是 16~69 岁的杭州市民（包括城区居民、城郊农民和外来务工人员）及在杭居住生活半年以上的外籍人士，问卷样本量为 3950 份（含外籍人士 300 份），按统计抽样方法选取，覆盖上城、下城、江干、拱墅、西湖、滨江、萧山、余杭八城区，有效回收问卷 3858 份（含外籍人士 283 份），问卷有效回收率为 97.67%，有效样本涵盖不同区域、年龄、学历、政治面貌、职业、户籍、在杭居住年限等（见表 1）。设置现场观测点 120 个，涵盖八城区的公园、广场、医院、商场、超市、学校、社区、影院、博物馆、公交车站、地铁口、码头、交叉路口、公交线路等公共场所，实地现场观测总流量达 1746340 人次（见表 2）。

（二）指标体系的设置与评价

整个调查从公共卫生、公共秩序、公共交往、公共观赏、公益服务、网络文明和公共行为文明认知七个方面进行考察，量化分析杭州市民公共行为的文明状况。调查问卷设客评（评价主体对周围他人给予的评价）、主评（评价主体对自己的公共行为文明程度给予的评价）和外籍人士评价三个部分。主评问卷由公共卫生、公共秩序、公共交往、公共观赏、公益服务、网络文明和公共行为文明认知 7 个二级指标、44 个三级指标构成；客评问卷由公共卫生、公共秩序、公共交往、公共观赏、公益服务、网络文明 6 个二级指标、37 个三级指标构成（详见附录 1 2014 年杭州市民公共文明指数

表1　有效样本分布情况

区域		年龄		学历		政治面貌		在杭居住年限		职业		户籍	
类别	样本量(占比)	类别	样本量(占比)	类别	样本量(占比)	类别	样本量(占比)	类别	样本量(占比)	类别	样本量(占比)	类别	样本量(占比)
上城区	328 (9.2%)	16~24岁	617 (17.3%)	小学及以下	255 (7.1%)	群众	1922 (53.8%)	5年及以下	540 (15.1%)	机关行政人员	241 (6.7%)	杭州城镇	2156 (60.3%)
下城区	436 (12.2%)	25~34岁	846 (23.7%)	初中	811 (22.7%)	共青团员	722 (20.2%)	6~10年	368 (10.3%)	事业单位人员	408 (11.4%)	杭州农村	498 (13.9%)
江干区	624 (17.5%)	35~44岁	653 (18.3%)	高中/中专	950 (26.6%)	中共党员	849 (23.7%)	11~20年	614 (17.2%)	企业管理人员	180 (5.0%)	外地城镇	331 (9.3%)
拱墅区	399 (11.2%)	45~54岁	605 (16.9%)	大专	533 (14.9%)	民主党派	30 (0.8%)	21年及以上	1900 (53.1%)	企业普通职工	568 (15.9%)	外地农村	546 (15.3%)
西湖区	438 (12.3%)	55~64岁	412 (11.5%)	本科	924 (25.8%)	未注明	52 (1.5%)	未注明	153 (4.3%)	个体经营者	606 (17.0%)	未注明	44 (1.2%)
滨江区	198 (5.5%)	65~69岁	404 (11.3%)	研究生及以上	67 (1.9%)	—	—	—	—	自由职业者	131 (3.7%)	—	—
萧山区	570 (15.9%)	未注明	38 (1.1%)	未注明	35 (1.0%)	—	—	—	—	学生	439 (12.3%)	—	—
余杭区	582 (16.3%)	—	—	—	—	—	—	—	—	务农	64 (1.8%)	—	—
—	—	—	—	—	—	—	—	—	—	待业人员	23 (0.6%)	—	—
—	—	—	—	—	—	—	—	—	—	离退休人员	562 (15.7%)	—	—
—	—	—	—	—	—	—	—	—	—	其他	353 (9.9%)	—	—
合计	3575 (100%)	—	3575 (100%)	—	3575 (100%)	—	3575 (100%)	—	3575 (100%)	—	3575 (100%)	—	3575 (100%)

表 2　实地现场观测流量分布

指　标	上城区	下城区	江干区	拱墅区	西湖区	滨江区	萧山区	余杭区	合计
观测点(个)	15	15	15	15	15	15	15	15	120
观测流量(人次)	411161	222094	169808	224112	292329	145221	75190	206425	1746340

调查问卷)。实地现场观测重点围绕公共卫生、公共秩序、公共交往、公共观赏 4 个二级指标、26 个三级指标展开(见表 3),以反向观测为主,记录不文明现象发生量和观测总流量,分析不文明现象发生率。课题组把杭州市民公共文明综合指数指标体系构建的重心放在客评与主评构成要素及其相互关系的思考与选取上,最后确定 6 个二级指标、31 个三级指标(见表 4),

表 3　杭州市民公共文明指数调查现场观测指标

总指标	二级指标	三级指标	
不文明现象总体发生率	公共卫生 A	A1 扔垃圾时没有扔进垃圾箱	A4 在禁烟场所抽烟
		A2 投放垃圾时没有进行分类投放	A5 打喷嚏时没有遮掩
		A3 随地吐痰	A6 遛宠物时不主动清理宠物粪便
	公共秩序 B	B1 在日常购物/票过程中不自觉排队	B6 行人逆向上下台阶
		B2 乱写乱画,攀登或脚踏雕塑和碑碣等公物	B7 行人/非机动车过马路时不遵守交通规则
		B3 乘车时上下车不排队	B8 机动车在斑马线前不礼让行人
		B4 在公共场所大声喧哗	B9 在马路边或小区内违章停车
		B5 随意踩踏草坪和花木	B10 机动车与他人抢道、抢行或插车
	公共交往 C	C1 相互之间大声交谈不顾及他人	C4 在社区/村内不主动为他人提供方便或帮助
		C2 与人交往时没有礼貌	C5 没有给老、弱、病、残、孕及怀抱婴儿者让座
		C3 乘客之间不相互谦让	C6 向陌生人问路时没有礼貌回应
	公共观赏 D	D1 不按时入场、退场	D3 交头接耳,大声喧哗
		D2 手机出现声音(包括短信等提示)	D4 没有照管好小孩而任其到处乱跑或喧哗

表4 杭州市民公共文明综合指数指标体系

一级指标	二级指标	三级指标	
市民文明素养综合指数	公共卫生 A	A1 把垃圾扔进垃圾箱(不随地丢垃圾)	A4 不在公共场所抽烟
		A2 垃圾分类投放	A5 打喷嚏时,有所遮掩
		A3 不随地吐痰	A6 遛宠物时,主动清理宠物粪便
	公共秩序 B	B1 在日常购物/票过程中自觉排队	B7 机动车在斑马线前礼让行人
		B2 在公共场所不大声喧哗	B8 在马路边或小区内有序停车
		B3 爱护栏杆、指示牌等公物	B9 不与他人抢道、抢行或插车
		B4 不踩踏草坪和花木	B10 上下车排队
		B5 不乱写乱画,不攀登或脚踏雕塑和碑碣等公物	B11 遛宠物时,注意把宠物拴好
		B6 过马路时遵守交通规则	
	公共交往 C	C1 与他人交流时面带微笑,态度和蔼	C3 主动为他人提供方便或帮助(陌生人问路时,详细回答)
		C2 与人交往时有礼貌	C4 给老、弱、病、残、孕及怀抱婴儿者让座
	公共观赏 D	D1 按时入场、退场	D3 安静观赏
		D2 手机调为静音或振动	D4 适时给予掌声鼓励
	公益服务 E	E1 参加社会(社区)公益活动	E3 鼓励身边的人参与公益服务
		E2 自发做些公益服务	
	网络文明 F	F1 文明用语,不谩骂、攻击他人	F3 不听信/散布谣言,不传播虚假信息
		F2 不浏览/传播色情、暴力、封建迷信等不良信息	

每一个指标代表一种公共文明行为,按主客体可能的行为方式设置5、4、3、2、1五个文明程度渐弱的分数段。综合指数测量建立在问卷分析的基础上,经多方讨论和比较确定,对照指标体系先按主评与客评4∶6的权重得出各三级指标综合指数,再按各二级指标等权重比例得出总指数,采用百分制描述,并将其作为杭州市民公共文明指数的基数。

二　杭州市民公共文明指数的基本情况

（一）总指数水平较高，主评与客评存在较明显的差距

2014 年杭州市民公共文明综合指数为 83.63，处于较高水平，体现了近年来杭州市积极推进"全国文明城市"创建工作和"我们的价值观"主题实践活动、大力提升市民公共文明素养所取得的积极成果。调查显示，杭州市民对自己的公共行为文明程度给予的评价较高，对周围他人给予的评价相对偏低。对照指数评价指标体系，通过对问卷调查数据的综合分析得出的主评总指数与二级指数均明显高于对应的客评指数。主评总指数比客评总指数高 11.17；二级指数中主客评差值最大的为公共卫生指数，差值达 +14.70，主客评与综合指数偏离值最高分别达 +8.82 和 -5.88；二级指数中主客评差值最小的为公益服务指数，差值也达 +6.13，其他各项二级指数主客评差值都在 +10 以上（见表5）。这表明杭州市民对自身公共文明素养水平的提升以及自己在这方面的改进是肯定的、有信心的，同时也期待周边环境及他人的公共行为文明程度有进一步的改善。

表5　2014 年杭州市民公共文明指数主客评比较

指标	综合指数	主评指数	主评偏离值	客评指数	客评偏离值	主客评差值
总指数	83.63	90.33	+6.70	79.16	-4.47	+11.17
公共卫生	80.78	89.60	+8.82	74.90	-5.88	+14.70
公共秩序	85.31	92.80	+7.49	80.31	-5.00	+12.49
公共交往	86.54	93.20	+6.66	82.10	-4.44	+11.10
公共观赏	85.88	92.00	+6.12	81.80	-4.08	+10.20
公益服务	77.32	81.00	+3.68	74.87	-2.45	+6.13
网络文明	85.96	93.40	+7.44	81.00	-4.96	+12.40

（二）公共交往获最高评价，公益服务指数有待提升

杭州市民公共文明总指数由6个二级指数构成。二级指标综合指数按指数值高低排序依次为公共交往86.54、网络文明85.96、公共观赏85.88、公共秩序85.31、公共卫生80.78、公益服务77.32。公共交往、网络文明、公共观赏、公共秩序指数均高于综合总指数，差值分别为 + 2.91、 + 2.33、+ 2.25、+ 1.68；公共卫生、公益服务指数均低于综合总指数，差值分别为 - 2.85、- 6.31。其中，指数值最高的公共交往比指数值最低的公益服务高9.22（见图1）。

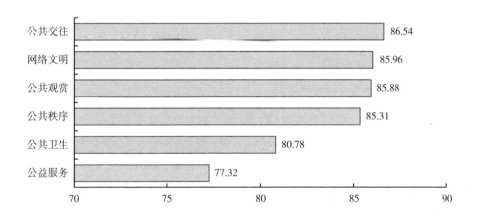

图1　杭州市民公共文明二级指数

（三）三级指数布局相对集中，但二级指数内部指标间并不均衡

调查数据分析显示，在31个三级指标中，有26个指标的综合指数值为80~90，占八成以上；有1个指标的综合指数值在90以上；其余4个指标的综合指数值为70~79（见表6）。综合指数值集中于80~90，表明杭州市民在大多数公共行为上能够遵守基本的文明规范，并能得到他人的赞赏和认可。

表6 各三级指标综合指数调查结果（从高到低排序）

序号	三级指标	综合指数	序号	三级指标	综合指数
1	B1 在日常购物/票过程中自觉排队	90.88	17	B4 不踩踏草坪和花木	84.76
2	C4 给老、弱、病、残、孕及怀抱婴儿者让座	89.04	18	C3 主动为他人提供方便或帮助（陌生人问路时，详细回答）	84.68
3	D1 按时入场、退场	88.84	19	D2 手机调为静音或振动	84.48
4	A1 把垃圾扔进垃圾箱（不随地丢垃圾）	87.36	20	B8 在马路边或小区内有序停车	84.44
5	B5 不乱写乱画，不攀登或脚踏雕塑和碑碣等公物	87.20	21	A3 不随地吐痰	83.12
6	C2 与人交往时有礼貌	86.96	22	B2 在公共场所不大声喧哗	83.12
7	B3 爱护栏杆、指示牌等公物	86.80	23	A5 打喷嚏时，有所遮掩	82.24
8	F3 不听信/散布谣言，不传播虚假信息	86.28	24	B9 不与他人抢道、抢行或插车	82.24
9	B7 机动车在斑马线前礼让行人	86.28	25	B11 遛宠物时，注意把宠物拴好	82.08
10	F2 不浏览/传播色情、暴力、封建迷信等不良信息	86.00	26	A4 不在公共场所抽烟	81.08
11	F1 文明用语，不谩骂、攻击他人	85.56	27	E1 参加社会（社区）公益活动	80.36
12	C1 与他人交流时面带微笑，态度和蔼	85.48	28	A6 遛宠物时，主动清理宠物粪便	77.40
13	B10 上下车排队	85.36	29	E3 鼓励身边的人参与公益服务	76.08
14	B6 过马路时遵守交通规则	85.20	30	E2 自发做些公益服务	75.52
15	D4 适时给予掌声鼓励	85.04	31	A2 垃圾分类投放	73.48
16	D3 安静观赏	85.00			

从表6还可以看出，虽然三级指标综合指数总体布局较为合理，但在某些二级指标综合指数内部并不均衡。其中，公共卫生和公共秩序两个领域的不均衡现象比较突出，公共卫生领域的"遛宠物时，主动清理宠物粪便"

"垃圾分类投放"和公共秩序领域的"不与他人抢道、抢行或插车""遛宠物时，注意把宠物拴好"等指数值偏低，加大了这两项二级指标内部各三级指标之间的差距。而公益服务领域的3个三级指标综合指数值都偏低，导致该二级指标综合指数与其他二级指标综合指数间的差距较大，并直接影响总指数水平。

（四）市民在人际交往中注重"自觉排队"，乐意帮助他人，但公共卫生意识和公益服务意识需要增强

调查显示，杭州市民在人际交往中尊重他人的意识和互助意识较强。从三级指数看，杭州市民公共行为中"在日常购物/票过程中自觉排队"表现最突出，成为得分最高的三级指数。"给老、弱、病、残、孕及怀抱婴儿者让座""与人交往时有礼貌""机动车在斑马线前礼让行人""文明用语，不谩骂、攻击他人""与他人交流时面带微笑，态度和蔼"等排序都比较靠前，分别排在第2、第6、第9、第11、第12位。这表明杭州市民在公共生活中乐于帮助他人，且助人的行动能力较强。

值得关注的是，杭州市民的公共卫生意识和公益服务意识有待加强。在二级指数中，公共卫生指数和公益服务指数分列第5位和第6位，都明显低于总指数。在三级指数中，排在最后4位的指标都属于公共卫生和公益服务领域。其中，"垃圾分类投放"排在末位，"遛宠物时，主动清理宠物粪便"排在倒数第4位。究其原因，杭州市民的公共卫生意识仍需增强。属于公益服务领域的"自发做些公益服务"和"鼓励身边的人参与公益服务"分列倒数第2位和倒数第3位，这说明杭州市民的志愿服务意识仍有待增强。

结合座谈会和个案访谈的情况，有不少市民认为公共场域中不文明行为的发生主要是"公共意识不强""自觉性不够""对不文明习惯认识不足"等个体性的主观原因，而较少将之归结为城市公共设施不足、他人的影响、制度不力等外部环境因素，这也说明杭州市民对于自身作为城市公共文明创建者、享有者的主体性意识和责任意识的增强。

（五）实地现场观测与"市民公共文明指数"的结论基本吻合

通过对杭州市八城区 120 个观测点在不同时间段累计近 7000 小时、1746340 人次的实地现场观测，杭州市民不文明现象总体发生率为 2.89%［详见附录 3　2014 年杭州市民公共文明指数调查（现场观测）记录汇总表］。4 个二级观测指标不文明现象发生率从低到高依次为公共交往、公共卫生、公共秩序、公共观赏。其中，公共交往方面的不文明现象发生率最低，为 2.26%；公共观赏方面的不文明现象发生率最高，为 22.70%（见图 2）。

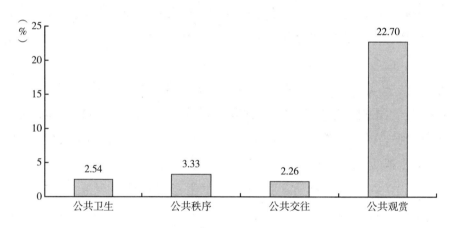

图 2　二级观测指标不文明现象发生率比较

在公共卫生方面，设置了 6 个观测指标。其中"随地吐痰"的发生率最低，为 0.68%；"投放垃圾时没有进行分类投放"的发生率最高，达到 36.47%（见图 3）。

在公共秩序方面，通过对行人道路行走、机动车与非机动车行驶情况、车辆停放情况、有序排队、有序上下楼梯等 10 个方面的现场观测，不文明现象总体发生率为 3.33%。观测数据显示，有 7 个观测指标的不文明现象发生率低于该领域不文明现象总体发生率，有 3 个观测指标的不文明现象发生率高于该领域不文明现象总体发生率。其中，"行人逆向上下台阶"发生率最高，为 15.24%；其次为"行人/非机动车过马路时不

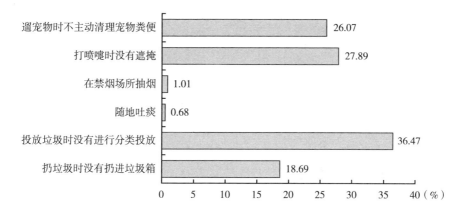

图3　公共卫生方面各指标不文明现象发生率比较

遵守交通规则"，发生率也达到7.54%；"乱写乱画，攀登或脚踏雕塑和碑碣等公物"发生率最低，为0.59%（见图4）。

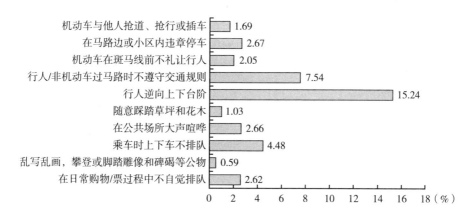

图4　公共秩序方面各指标不文明现象发生率比较

在公共交往方面，不文明现象总体发生率为2.26%。在6个观测指标中，"没有给老、弱、病、残、孕及怀抱婴儿者让座"发生率最高，为6.01%；其次是"向陌生人问路时没有礼貌回应"，发生率为4.51%；"在社区/村内不主动为他人提供方便或帮助"发生率最低，为1.45%（见图5）。

在公共观赏方面，此次观测地点均是杭州各城区的电影院，每个区观看电影至少1场次，八城区共观测了10场次电影。观测的总流量为652人次，

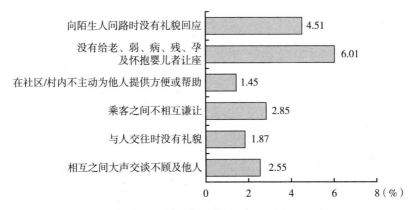

图 5　公共交往方面各指标不文明现象发生率比较

其中不文明现象流量为 148 人次，不文明现象总体发生率为 22.70%。从具体观测指标来看，在 4 个指标中，"交头接耳，大声喧哗"发生率最高，为 7.06%；"没有照管好小孩而任其到处乱跑或喧哗"发生率最低，为 3.99%（见图 6）。

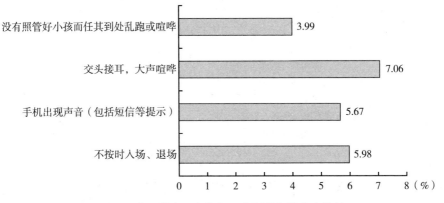

图 6　公共观赏方面各指标不文明现象发生率比较

根据现场观测数据，课题组对所考察的 26 个指标（26 种公共文明行为）按不文明现象发生率由低到高，列出了杭州市民公共文明"十大文明行为"，其不文明现象发生率均低于总体发生率（见表 7）。同时，按不文明现象发生率由高到低，列出了杭州市民公共文明"五大最需改进的不文明行为"，其不文明现象发生率均在 15% 以上（见表 8）。

表7　杭州市民公共文明"十大文明行为"

单位：%

序号	公共文明行为	不文明现象发生率	所属二级指标	序号	公共文明行为	不文明现象发生率	所属二级指标
1	不乱写乱画,不攀登或脚踏雕塑和碑碣等公物	0.59	公共秩序	6	不与他人抢道、抢行或插车	1.69	公共秩序
2	不随地吐痰	0.68	公共卫生	7	与人交往时有礼貌	1.87	公共交往
3	不在禁烟场所抽烟	1.01	公共卫生	8	机动车在斑马线前礼让行人	2.05	公共秩序
4	不随意踩踏草坪和花木	1.03	公共秩序	9	相互之间大声交谈顾及他人	2.55	公共交往
5	在社区/村内主动为他人提供方便或帮助	1.45	公共交往	10	在日常购物/票过程中自觉排队	2.62	公共秩序

表8　杭州市民公共文明"五大最需改进的不文明行为"

单位：%

序号	公共不文明行为	不文明现象发生率	所属二级指标	序号	公共不文明行为	不文明现象发生率	所属二级指标
1	投放垃圾时没有进行分类投放	36.47	公共卫生	4	扔垃圾时没有扔进垃圾箱	18.69	公共卫生
2	打喷嚏时没有遮掩	27.89	公共卫生	5	行人逆向上下台阶	15.24	公共秩序
3	遛宠物时不主动清理宠物粪便	26.07	公共卫生				

（六）"全国文明城市"创建和"我们的价值观"主题实践活动等在市民中有较高的知晓度和认知度

为更好地了解杭州市民对公共行为文明的认知状况，我们在调查问卷主评部分设置了认知板块，主要涉及市民对杭州"全国文明城市"创建活动的知晓率、对社会主义核心价值观的认知度、对城市道德风尚和整体形象的评价等方面。

对于"您是否了解杭州市在 2011 年被评为'全国文明城市'"这一问题，问卷分析显示，有 77.8% 的受访者对此表示非常关心、了解，并且认为"全国文明城市"创建工作只有起点、没有终点，只有更好、没有最好，应同心协力、共同建设。

对于"党的十八大报告用 24 个字，分别从国家、社会、公民三个层面概括了社会主义核心价值观，具体是指什么？"这一问题，有 93.1% 的受访者了解社会主义核心价值观国家层面的"富强、民主、文明、和谐"4 个主题词，有 83.2% 的受访者了解社会主义核心价值观社会层面的"自由、平等、公正、法治"4 个主题词，有 81.7% 的受访者了解社会主义核心价值观公民层面的"爱国、敬业、诚信、友善"4 个主题词。

调查显示，有 96.1% 的受访者非常赞同或赞同"培育和弘扬社会主义核心价值观必须立足中华优秀传统文化，使中华优秀传统文化成为涵养社会主义核心价值观的重要源泉"。

关于"对杭州本地道德模范的了解情况"这一问题的调查显示，杭州市民对"最美妈妈"吴菊萍、"最美司机"吴斌等近年来涌现出的本地道德模范认知度很高，受访者中表示了解的占比分别达到 89.4% 和 84.1%。

（七）外籍人士评价更加理性严格，对"随地吐痰"和"在禁烟场所抽烟"等不文明现象难以忍受

问卷调查显示，外籍人士的主评指数为 82.75，客评指数为 65.34。主客评指数与杭州市民的评价指数均存在一定的差距。从二级指标来看，外籍人士在杭州生活过程中，对自身在公共交往、网络文明、公共观赏、公共秩序等领域的行为文明状况评价较高，对自身在公益服务方面的行为表现评价最低，公共卫生次之；而对他人在公共领域的文明素养状况评价一般，对他人在公共卫生领域的行为文明状况评价最低（见表 9）。

从三级指标（客评）来看，"不与他人抢道、抢行或插车""过马路时遵守交通规则""低声交谈""上下车排队""打喷嚏时，有所遮掩""垃圾分类投放""遛宠物时，主动清理宠物粪便""在公共场所不大声喧哗"

表9　外籍人士主客评二级指数

指　　数	公共卫生	公共秩序	公共交往	公共观赏	公益服务	网络文明
主评指数	80.38	85.18	86.96	86.10	71.16	86.74
客评指数	55.20	58.48	66.72	68.40	66.28	72.26

"不随地吐痰""不在公共场所抽烟"10个指标的客评指数值都在60以下。其中"不随地吐痰""不在公共场所抽烟"的客评指数值在50以下，分别为49.0和46.6，这与杭州市民客评中对应指标的指数值差距较大，与实地现场观测中对应指标的不文明现象发生率排序也很不一致。究其原因，课题组通过外籍人士座谈会和个案访谈发现，多数外籍人士对"随地吐痰"和"在禁烟场所抽烟"等不文明现象持零容忍态度，即使发现个例也会使他们对周边群体产生不良印象。同时，他们也认为文化差异、缺乏沟通和自身对城市的融入不足可能会产生判断的偏差。

三　2014年杭州市民公共文明指数的启示

（一）杭州市民公共文明素养总体较高，公共文明创建工作进入良性发展阶段

在调研和形成报告的过程中，课题组组织开展了多方面的座谈和访谈，大家一致认为，近年来，杭州市始终把群众性精神文明创建作为推进社会主义核心价值体系建设、文化名城强市建设的基础性工程和重要内容来抓，积极探索社会主义核心价值观融入日常群众性精神文明创建活动的新思路、新途径、新载体，营造了城市公共文明的良好环境，促进了城市文化与市民文明素质共同成长，"我们的价值观"深入百姓生活、"最美"现象由"盆景"变"风景"成为风尚，杭州各项文明建设进入了良性发展、有序提升的阶段。当然，城市公共文明和市民文明素养的提升是一个循序渐进的过程，有些方面可能还会出现一定程度的反复。此次市民公共文明指数调查显示，87.10%的三级指标综合指数值集中在80以上，这表明市民在大多数行

为上能够遵守文明行为规范，但在公共生活领域仍然存在一些顽症痼疾，现代文明生活的新需求、新方式、新素养的培育、倡导、养成，需要加强引领，坚持反复抓、抓反复。

（二）杭州市民的主体性意识和地域归属感强，有积极参与城市公共文明建设的热情

调查显示，杭州市民公共文明主评指数达到 90.33，但不同户籍类型的受访者对自身公共行为文明程度的评价差异明显。整体而言，杭州城镇户籍受访者的自我评价最高，其次是杭州农村户籍受访者，再次是外地城镇户籍受访者，自我评价最低的是外地农村户籍受访者。同时，在杭居住年限与自我公共行为文明的评价存在一定关联，居住年限越长，自我评价越高。交叉分析显示，在公共交往领域，行为文明的自觉意识与实施者的年龄呈有规律的正相关，年龄越长者往往实施文明行为的主动性越强，愿望也显得更加迫切。受访者的年龄因素与在杭居住年限、职业、户籍等因素存在一定的共线性。上述结论表明，"老杭州人"有很强的地域认同感和归属感，主体性意识较强，既有主动参与城市公共文明建设的极大热情，也有进一步改善文明环境的美好期待。"新杭州人"有尽快融入城市生活和参与文明城市创建的紧迫感和主动性。事实证明，"老杭州人"在公共文明领域的积极表现和主动作为也更能起到引领社会风尚的榜样作用。当然，此次调查，主评指数与客评指数间的明显差距也应引起我们的注意，"对别人的态度更是反映一个城市市民素质的重要标准"，市民主体性的强化可能产生对他人的同化，也可能产生对他人的排斥，相比单纯的数据，人们内在态度的转变更加重要。

（三）杭州市民注意尊重和帮助他人，但高层次的现代文明素养还需要引导和鼓励

杭州市民在人际交往中注重"微笑"，"有礼貌"，在公共场所主动给人提供需要和帮助，"与人交往时有礼貌"和"与他人交流时面带微笑，态度和蔼"等指标的综合指数都在 85 以上。公共交往方面的现场观测数据表

明，市民"在社区/村内不主动为他人提供方便或帮助"在该领域的发生率最低，为1.45%。外籍人士尤其高度评价杭州人总是很热心、很负责地为陌生人指路或带路。但我们注意到，杭州市民"在日常购物/票过程中自觉排队"表现好，在31个三级指标综合指数中排在第1位，而"公共场所混乱时主动维持秩序"表现不好，在该领域的三级客评指数中排在最后一位。"自发做些公益服务"和"鼓励身边的人参与公益服务"的指数值都不高。还有外籍人士根据他们在本国及其他国家的经历指出，在杭州人流量较多的公共场所（如大广场、重要道路），志愿者仍然较少，还需增加。这说明市民在相对固定和熟悉的环境中的行为表现更为良好，对于较容易被人理解和接受的善意乐于传递。但"公共场所混乱时主动维持秩序""鼓励身边的人参与公益服务""自发做些公益服务"等可能不被理解，甚至还会有一定的风险，市民会权衡利弊，容易产生心理阻力，难以付诸行动。这些情况表明，杭州市民更高层次的文明素养需要进一步加以引导和鼓励，以激发市民在提高自身文明素质的同时，增强公共参与和志愿服务意识，在公共生活中主动提醒和制止他人的不文明行为，全面彰显杭州"最美精神"。

（四）杭州市民的公共卫生意识仍有较大提升空间，是推进城市精神文明创建工作的重点

杭州市自1995年获得"国家卫生城市"荣誉称号后，又着力打造"国内最清洁城市"、建设健康城市、创建文明城市，在公共卫生等领域取得了巨大成绩。在本次调查过程中，老百姓对政府在公共卫生方面的努力普遍给予了肯定，认为公共卫生领域的社会文明程度有了很大的提高。但市民在这一领域的行为文明也存在明显的短板，并直接影响该领域的指数水平。从三级指标综合指数来看，"垃圾分类投放"和"遛宠物时，主动清理宠物粪便"是该领域中最突出的两个问题，也是各类座谈会上大家提到最多的问题，普遍认为遛宠物的时间不规范、没有给宠物拴绳子、不清理宠物粪便等影响文明形象，亟待解决完善。垃圾分类是现阶段对市民公共行为文明更高层次的要求，相对于"把垃圾扔进垃圾箱"，"垃圾分类投放"不仅是一个较为复杂并需要一定专业知识的行为,而且与市民的日常行为习惯、生活方式密切相关。培养市民分类投放垃圾的良好习惯,提高杭州市民分类投放垃圾的自觉性,不仅关系到杭州建设品质之城、打造美丽中国先行区目标的实现,而且直接关系到大家良好的生活环境,必须高度重视并采取多方面的有力有效举措。

（五）杭州公交车在斑马线前礼让行人饱受称赞,但私家车表现欠佳让人心存隐忧

杭州多年来倡导斑马线前礼让行人,深受市民和游客称赞。"机动车在斑马线前礼让行人"的综合评价指数为86.28,在31个三级指标中排在第9位;现场观测数据显示,该项观测指标不文明现象发生率为2.05%,低于2.89%的总体发生率,列"十大文明行为"第8位。许多市民、游客和外籍人士都指出,杭州的公交车在斑马线前礼让行人十分好,给他们印象深刻,甚至让他们感动。不过,他们也同时指出,"私家车的文明礼让比公交车、出租车做得差一些,在斑马线前经常不礼让行人"。这与课题组在现场观测中的感受是基本一致的。正因为如此,不少受访者认为,这"反而会在一定程度上增加新的交通事故隐患,做好私家车的文明礼让宣教引导工作刻不容缓"。

（六）杭州市民网络文明指数表现不俗,但网络空间公共文明建设面临新挑战

互联网虽然是虚拟空间,但这一空间同样具有公共空间的性质,居民在互联网上的言行同样会对其他网民和现实世界产生各种各样的影响。因此,我们将网络文明列入杭州市民公共文明指数的范畴。调查数据显示,杭州市民网络文明综合指数为85.96,排在6个二级指标的第2位。这与近年来杭州市不断加强和改进互联网建设、着力构建清朗网络空间密切相关。但网络社会瞬息万变,加强网络管理、净化网络世界依然任重道远。从该指标客评的交叉分析情况来看,政治面貌与网络文明有一定的关联性,中共党员和民主党派在网络文明方面的表现相对较好,而共青团员在网络文明方面的表现

相对较差。这表明，青少年群体依然是网络文明建设的重要群体，应当给予更多的关注和引导。

四　关于进一步加强公共文明建设的思考

（一）突出重点，开展对集中突出不文明现象的专项整治

客评数据显示，"遛宠物时，主动清理宠物粪便"的指数值为70.60，"垃圾分类投放"的指数值为68.60，分列31个客评指标的第30、第31位；从现场观测结果来看，"投放垃圾时没有进行分类投放"和"遛宠物时不主动清理宠物粪便"排在"五大最需改进的不文明行为"的前3位。这实际上表明，这两类不文明行为已成为杭州市公共文明领域问题突出、引起市民广泛关注和普遍反感的现象，需要加大宣传引导力度，加强部门合作，注重源头教育，减少该现象的发生。解决"遛宠物时不主动清理宠物粪便"的问题，一方面，报纸、电视等媒体要大力宣传，社区、社会也要利用各种形式对市民进行宣传和教育，提高人们遵守社会公德的自觉性，并以恰当的方式提醒宠物主人在适宜的时间和地点遛宠物，随身携带卫生纸和塑料袋，对宠物粪便及时清理；另一方面，要适时修订《杭州市限制养犬规定》，执法部门要严格执法，从领证源头上加强治理，有针对性地对宠物主人进行专门的教育和考核，从严处罚违规者。同时，各有关部门、社区都应该协同参与，齐抓共管，形成声势。

在垃圾分类工作方面，第一，必须清醒地认识到，垃圾分类是一件比较麻烦的事情，要改变人们的生活习惯，绝非一日之功，需要做大量的、细致的思想工作。街道、社区的干部最贴近广大居民，应该既是宣传员，又是指导员，要起到表率作用；机关、事业单位要全面认真实施，发挥好示范引领作用。第二，社区垃圾管理员的工作质量是"垃圾变宝"的关键，可以考虑在垃圾箱附近设立废品回收站，鼓励垃圾管理员兼任废品回收员，对垃圾进行分类，变废为宝，创收所得归个人所有。第三，垃圾车在收集垃圾时也

要分门别类，根据各类垃圾的数量，合理调度运输。有条件的街道，应在所有小区安装生物垃圾处理机，用以处理生物垃圾。第四，养成垃圾分类的良好习惯要从娃娃抓起，用"小手拉大手"的方法，让孩子们把垃圾分类工作落实到家里。

（二）完善设施，规范公共行为文明标识

公共行为文明的提升与相关基础设施的建设紧密相关。例如，在公共场所投放的垃圾箱设置有分类投放的功能，过马路都有红绿灯引导，公交车站有明晰的信息提示并能准时发车，社区和公园等公共场所内的小径和景观设计符合人体工效学原理，等等，这些都对引导人们遵守日常行为规范、提升公共文明素养起到了促进作用。

有外籍人士建议，杭州应该像北京和上海一样，在公交站安装更多的铁扶栏，以维护市民上下车时的排队秩序和督促市民文明排队，提升市民素质；在校园和居民区等公共场所，配备更多的专门用于废旧电子产品回收的垃圾桶。在公共行为文明标识方面，杭州的公共道路上应设置更多的禁烟标识牌；有些交通标志应标识得更规范、更清楚；志愿者所穿的专门服装后背应有主要语言的标识，以便让不同语种的外国人能更好地找到自己所需的志愿者；垃圾箱的外表设计可以更形象、生动、直观，以更好地提示市民准确地分类投放垃圾。

同时，还应进一步规范城市公示语标志。杭州的地名、交通、公园、旅游景点、无障碍设施等公示语标志要做到规范、准确、美观，针对性、指引性强，不违反禁止性规定，不让人产生理解上的歧义。公示语标志设置应遵循有关程序和规定，单位和个人不得随意设置。需要附加英文标志的，应符合英文翻译的国际通行要求。

（三）弘扬"最美"，积极营造良好的志愿服务和公益事业发展氛围

一方面，要修订完善《杭州志愿服务条例》，制定实施《关于推进志

愿服务制度化的意见》和《社区志愿服务活动制度化方案》，完善在职党员领办志愿服务项目制度及市民卡志愿服务积分制度，持续抓好"雷锋广场"、"雷锋角"、"三关爱"、城市志愿服务"微笑亭"、社区志愿服务站等学雷锋志愿服务阵地建设，广泛开展"学雷锋为民服务日"等实践活动，营造"争做志愿者、尊重志愿者、关爱志愿者"的社会氛围，吸引和感召更多的人加入志愿服务行列，推动志愿服务队伍由以青少年为主向全体社会成员共同参与转变，志愿服务活动由以阶段性为主向经常性、常态化转变。

另一方面，要积极培育公益慈善文化，让"赠人玫瑰，手有余香""帮助别人，快乐自己"等理念成为杭州的社会心态、价值观念和广大市民的美好品质，开展"日行一善"文明实践活动，加大公益广告宣传力度，在全社会凝聚崇德向善、奋发向上的精神力量，用爱心让城市更温暖、更包容，使杭州更具人情味。要进一步建立完善关心关爱道德模范、身边好人、"最美人物"、"公民爱心日"的关心关爱机制，为人们做好事、献爱心、行义举创造良好的制度条件，进一步在全社会树立"好人有好报"和"礼敬道德楷模"的时代风尚。要秉持社会治理理念，加大扶持公益性社会组织的力度，克服民间公益机构孱弱、个人公益碎片化等问题，整合社会资源，搭建社会公益服务平台，聚集更多的市民积极参与公益慈善事业，推动公益性组织健康发展。

（四）加强法治建设，积极推进杭州精神文明建设法治化

市民公共行为文明除了培养人们良好的生活习惯与道德自觉外，还需要公共行为规范和相应法律制度的引领保障。总体来看，杭州精神文明建设方面的立法基础较薄弱，立法数量相对较少，直接关涉精神文明建设方面的立法更少。要尽快完成《杭州市文明行为促进条例》立法工作，建立健全杭州精神文明建设的法规体系，厘清不文明行为的违法界限，创新处罚机制，规范市民言行，促进杭州精神文明建设有法可依、有章可循。同时，要对现行有关精神文明建设的法规和政策文件以及自律性文件进行必要的梳理和整

合归并，增强法律规章的科学性、权威性和系统性，重视研究精神文明法治建设的规律性和特点，加强法律法规的落实和回馈，使精神文明的法治建设更具适用性和可行性。

此外，要从普法的角度宣传精神文明的法治建设，引导广大市民树立精神文明的法治意识，懂精神文明的法，守精神文明的法，把精神文明的法治意识作为全民懂法、守法的公民法治意识的重要组成部分；要完善精神文明执法机构管理体制，严格执行公共生活领域的相关法律规范，彰显公共行为规范和法律制度的严肃性，教育引导市民不断提升公共文明素养。

（五）注重引导，努力形成全民参与公共文明建设的良好局面

市民的行为文明程度主要受社会舆论、内心信念、习惯等的影响，仅靠市民自律，其力量也是有限的，持续抓好市民公共行为文明的宣传引导非常有必要。加强公共文明的引导要突出思想内涵，把中国特色社会主义和"中国梦"宣传教育、培育和弘扬社会主义核心价值观作为根本任务，积极推进环境、秩序、礼节、观赏、服务、网络等方面的精神文明创建活动。

第一，要运用新闻报道、文艺活动、基层宣讲、展览展板、专题座谈等多种形式，大力宣传文明行为和先进典型，传播公共文明建设的正能量，同时也要曝光公共生活领域的不文明行为，发挥好舆论和媒体的监督作用，让不文明行为的实施者心有所忌。

第二，要坚持思想性、艺术性、观赏性的有机统一，整合各方资源，精心制作公益广告，不断扩大公益广告的覆盖面和影响力。例如，公交车内可以少一份商业广告，多一份公益广告；电视节目可以少一份电视购物，多一份公益栏目。提倡公共文明从我做起，从身边做起，用自己的文明行为去影响身边的人。

第三，要以智慧城市建设为契机，依托大数据应用，进一步完善居民个人征信系统，将市民公共行为文明表现情况纳入其中。可以预见，随着公民个人征信系统在全国的覆盖和联网，借助个人征信系统和公民诚信记录制度，必将能有效引导和促进杭州城市公共文明建设与杭州市民公共文明素养的提升。

（六）强化保障，将公共文明创建工作摆上更加重要的位置

"一个地方的文明程度和现代化水平，不仅在于物质文明的发达和城市化水平的提高，更为重要的是精神文明和人的素质的全面提升。"各级党委、政府要进一步担负好自己的责任，把公共文明建设工作摆上当前更重要、更突出的位置，坚持"两手抓，两手都要硬"的方针，以辩证的、全面的、平衡的观点正确处理物质文明和精神文明的关系，把公共文明建设贯穿于改革开放和现代化全过程，渗透社会生活各方面。要突出群众的主体地位，紧密结合培育和践行社会主义核心价值观，大力弘扬民族和地域的优秀传统文化，大力加强党风政风、社风家风建设，营造全社会崇德向善的浓厚氛围。要充分发挥榜样的作用，领导干部、公众人物、先进模范都要为全社会做好表率、起好示范作用，引导和推动全体人民树立文明观念、争当文明公民、展示文明形象。要坚持围绕中心、服务大局，面向基层、服务群众，把城市公共文明创建与加强社会治理创新、推进信息经济强市和智慧经济创新城市建设以及保障和改善民生、建设法治杭州、促进文化大发展大繁荣等工作有机结合起来，进一步优化政务环境、法治环境、市场环境、人文环境、生活环境、社会环境和生态环境，让群众切实感受到公共文明创建工作带来的实效和好处。

市民公共文明行为的养成具有长期性、反复性，城市公共文明建设需要不断总结创新，坚持常抓不懈、锲而不舍。同时，根据杭州城市发展的新需求，进一步完善市民公共文明指数，需要增加"低碳出行""节约意识""法治意识"等方面的调查指标，使调查反映时代特点，体现科学性、务实性和可持续性，为推进杭州城市公共文明建设提供更可靠的数据支撑。

问卷分析报告

2014年杭州市民公共文明指数调查主评问卷分析报告

"杭州市民公共文明指数调查"采取实地考察、现场访谈、问卷调查等方式，其中问卷调查部分在杭州八城区共发放问卷3650份，回收问卷3606份，回收率为98.8%；回收问卷中，有效问卷3575份，有效率为99.1%。现将问卷调查主评部分分析如下。

一　基本概况

区域分布情况：上城区有效问卷328份，占八城区总有效问卷的9.2%（以下若无特别说明，均指有效问卷）；下城区436份，占12.2%；江干区624份，占17.5%；拱墅区399份，占11.2%；西湖区438份，占12.3%；滨江区198份，占5.5%；萧山区570份，占15.9%；余杭区582份，占16.3%（见图1）。本次调查的对象分布广泛，涵盖了多个层次、多个领域的在杭居民。

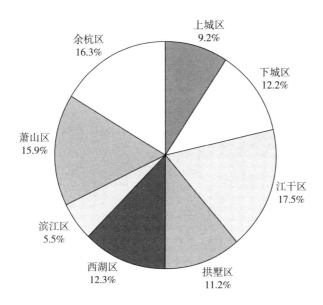

图1 受访者区域分布情况

年龄分布情况：16～24岁617人，占17.3%；25～34岁846人，占23.7%；35～44岁653人，占18.3%；45～54岁605人，占16.9%；55～64岁412人，占11.5%；65～69岁404人，占11.3%；未注明38人，占1.1%（见图2）。

学历分布情况：小学及以下255人，占7.1%；初中811人，占22.7%；高中/中专950人，占26.6%；大专533人，占14.9%；本科924人，占25.8%；研究生及以上67人，占1.9%；未注明35人，占1.0%。从学历分布上看，受访者学历分布比较合理，主要集中在初中到本科这个阶段，累计占90%（见图3）。

政治面貌分布情况：群众1922人，占53.8%；共青团员722人，占20.2%；中共党员849人，占23.7%；民主党派30人，占0.8%；未注明52人，占1.5%（见图4）。

在杭居住年限分布情况：5年及以下540人，占15.1%；6～10年368人，占10.3%；11～20年614人，占17.2%；21年及以上1900人，占53.1%；未注明153人，占4.3%（见图5）。可见，大多数受访者在杭州的

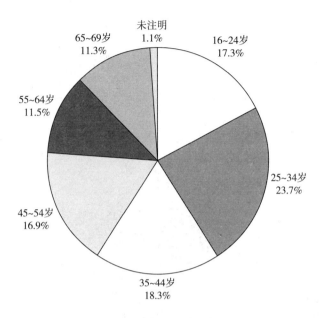

图 2　受访者年龄分布情况

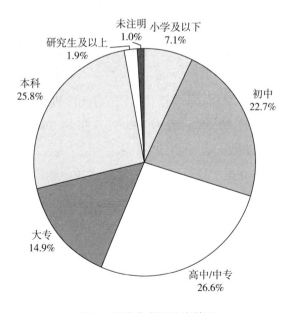

图 3　受访者学历分布情况

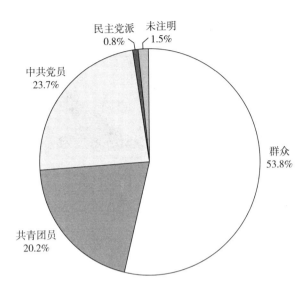

图4 受访者政治面貌分布情况

居住时间都比较长，已经融合到这个城市之中，且多数为在杭州成长的市民，甚至为数代在杭州居住的市民。他们的行为，可以反映杭州市民的整体文明素养。

职业分布情况：机关行政人员241人，占6.7%；事业单位人员408人，占11.4%；企业管理人员180人，占5.0%；企业普通职工568人，占15.9%；个体经营者606人，占17.0%；自由职业者131人，占3.7%；学生439人，占12.3%；务农64人，占1.8%；待业人员23人，占0.6%；离退休人员562人，占15.7%；其他353人，占9.9%（见图6）。可见，本次问卷调查的受访者职业分布选择也较为合理。此外，有两点需要说明：第一，杭州八城区居民基本以城镇户籍为主，仅萧山区和余杭区还存在一定数量的农村户籍人口，因此，务农人员调查仅针对萧山区和余杭区，所占比例自然也较低；第二，在问卷调查过程中发现，许多街边店面的营业人员将自己划归到"其他"人员行列。

户籍分布情况：杭州户籍占74.2%，外地户籍占24.6%，未注明占1.2%。其中，杭州城镇户籍2156人，占60.3%；杭州农村户籍498人，占

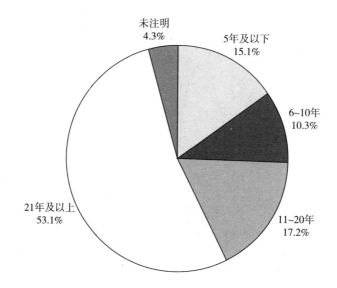

图 5　受访者在杭居住年限分布情况

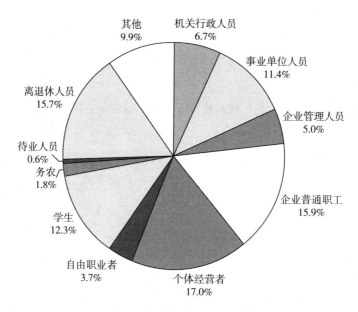

图 6　受访者职业分布情况

13.9%；外地城镇户籍 331 人，占 9.3%；外地农村户籍 546 人，占 15.3%；未注明 44 人，占 1.2%（见图 7）。

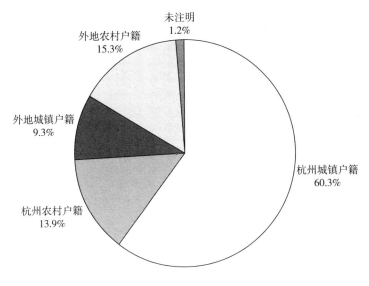

图7 受访者户籍分布情况

二 杭州市民公共文明指数主评情况

杭州市民公共文明指数调查问卷（主评部分）包括公共卫生、公共秩序、公共交往、公共观赏、公益服务和网络文明六个方面的内容，共有 39 个问题。问卷设计精、简、明，做到问题精少、回答简单、一目了然。问卷统计结果显示，杭州市民公共文明主评总指数为 90.33，其中公共卫生主评指数为 89.60，公共秩序主评指数为 92.80，公共交往主评指数为 93.20，公共观赏主评指数为 92.00，公益服务主评指数为 81.00，网络文明主评指数为 93.40（见图8）。

（一）公共卫生方面

公共卫生行为是反映市民公共文明指数的基本因素之一。公共卫生所涉及的内容较为广泛，问卷针对其中一些比较有代表性的行为进行调查，主要有 9 个问题，即"不随地丢垃圾""如果垃圾没有准确投入垃圾箱，

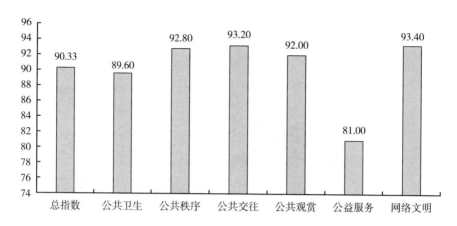

图8 杭州市民公共文明主评指数

会主动捡起，重新投入""垃圾分类投放""不随地吐痰""不在公共场所抽烟""打喷嚏时，注意有所遮掩""亲友感冒咳嗽时，提醒他们外出戴口罩""遛宠物时，主动清理宠物粪便""按时给宠物打疫苗"。问卷统计结果显示，公共卫生主评指数为89.60。其中，指数较高的有"不在公共场所抽烟"（93.20）、"不随地丢垃圾"（92.40）、"不随地吐痰"（92.00）等；指数较低的有"亲友感冒咳嗽时，提醒他们外出戴口罩"（79.80）、"垃圾分类投放"（80.80）、"遛宠物时，主动清理宠物粪便"（87.60）等（见图9）。

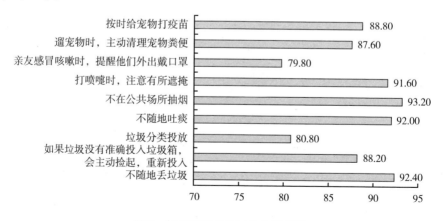

图9 杭州市民公共卫生主评指数

杭州市自1995年获得"国家卫生城市"荣誉称号后，又打造"国内最清洁城市"、建设健康城市、创建文明城市，在公共卫生等领域取得了巨大成绩。在本次调查过程中，老百姓对政府在公共卫生方面的努力普遍给予了肯定，认为市民的公共卫生行为有了很大的改善。当然，也还存在一些薄弱环节，其中老百姓反映最多的是宠物问题和垃圾分类问题。有关宠物问题，老百姓主要是对遛宠物的时间不规范、没有给宠物拴绳子、不清理宠物粪便等影响文明形象的问题反映极为强烈，亟待解决完善。课题组在实际调查过程中发现确实存在上述问题。垃圾分类是现阶段对市民公共行为文明更高层次的要求，需要市民具备较高的思想觉悟和主观认识。在垃圾分类工作方面，很多小区居民表示，杭州市有关部门的确下了很大功夫，也投入了很多精力，从总体上看还是取得了一定成效的。但是，在推行这项工作的很长一段时间内，对垃圾分类投放的具体要求不统一，配套设施不全，这是导致垃圾分类未能很好执行的一个关键因素。"亲友感冒咳嗽时，提醒他们外出戴口罩"的指数最低，说明日常公共卫生知识和良好习惯的养成还需要社会各界的不断宣传和教育。

（二）公共秩序方面

对杭州市民公共秩序的评价，主要调查了14种行为方式，即"在日常购物/票过程中自觉排队""有人插队时，主动制止，维护秩序""在公共场所不大声喧哗""爱护栏杆、指示牌等公物""不踩踏草坪和花木""不乱写乱画，不攀登或脚踏雕塑和碑碣等公物""过马路时遵守交通规则""有人闯红灯时，仍自觉等候绿灯通行""机动车在斑马线前礼让行人""不乱停车""不与他人抢道、抢行或插车""注意上下车排队""遛宠物时，注意把宠物拴好""开会时手机调为静音或振动"。问卷统计结果显示，公共秩序主评指数为92.80。其中，指数较高的有"在日常购物/票过程中自觉排队"（95.80）、"不乱写乱画，不攀登或脚踏雕塑和碑碣等公物"（94.40）、"爱护栏杆、指示牌等公物"（93.40）等；指数较低的有"有人插队时，主动制止，维护秩序"（83.60）、"遛宠物时，注

意把宠物拴好"（91.20）、"不与他人抢道、抢行或插车"（91.60）等
（见图10）。

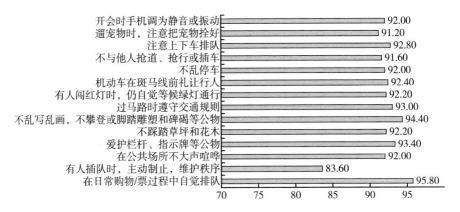

图10　杭州市民公共秩序主评指数

市民在公共秩序方面的自我评价普遍较高。例如，"在日常购物/票过程中
自觉排队""不乱写乱画，不攀登或脚踏雕塑和碑碣等公物"等，这些方面都已
经自觉成为习惯。值得一提的是，杭州提倡"机动车在斑马线前礼让行人"这
一文明行为，成效显著，受到广大杭城老百姓和各地游客的肯定和赞扬。

"有人插队时，主动制止，维护秩序"的指数最低。这个题目反映的不
仅是主动制止插队的问题，而且体现了一个市民作为文明行为的监督者这一
行为功能，需要市民拿出更大的勇气、付出更多的精力，也更能反映出市民
的文明素养和城市主人翁意识。正如一位公益人士所言，"我们既是城市污
染的制造者，也是监督者，还是污染治理的参与者"。做好文明监督，是一
件非常重要的事情。

此外，宠物也是公共秩序评价要考虑的一个因素。除了上述提到的遛宠
物的时间不规范、没有给宠物拴绳子、不清理宠物粪便等问题，因将宠物带
进公交车、电影院而发生争执的现象也屡有发生。有位电影院工作人员反
映，人们带宠物进入电影院的理由总是"我们家的宝贝很乖的、不吵的"
等。调查中还发现楼道有堆积物、乱挂乱晒衣服、路边乱停车影响盲道等其
他一些公共秩序问题。

（三）公共交往方面

关于公共交往方面的文明素养评价主要包括4个方面的具体行为表现，即"与他人交流时面带微笑，态度和蔼""别人向您问路时，详细回答""与人交往时有礼貌""给老、弱、病、残、孕及怀抱婴儿者让座"。问卷统计结果显示，公共交往主评指数比较高，为93.20。从高到低，依次为"与人交往时有礼貌"（93.80）、"给老、弱、病、残、孕及怀抱婴儿者让座"（93.60）、"别人向您问路时，详细回答"（93.20）、"与他人交流时面带微笑，态度和蔼"（92.20）（见图11）。

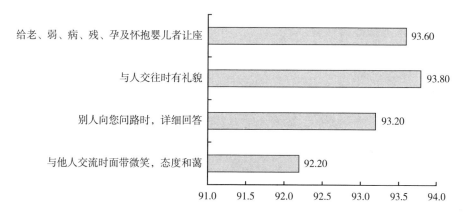

图11 杭州市民公共交往主评指数

可见，杭州市民在公共交往中的文明表现较为出色。有位市民给我们讲述了他的一件难忘往事。当年，他刚来杭州时，在河坊街上向一位大伯问路，如何去胡庆余堂。当他沿着大伯所指的方向走了一大段之后，大伯突然从后面气喘吁吁地跑过来跟他说，"小伙子，你走错了，往这边，往这边……"这让他顿时觉得杭州人是多么友好、热心！"只要你先到杭州，对于其他人而言，你就是杭州人"。因此，你的一举一动都代表着杭州的形象。

（四）公共观赏方面

广义的公共观赏除了在电影院、剧院观赏电影或戏剧节目外，还包括在公园观赏花卉、在美术馆观赏美术作品等。本书涉及的公共观赏主要是指市民在电影院或剧场内的公共观赏行为。对于杭州市民在公共观赏方面的文明素养评价，主要依据其在"按时入场、退场""手机调为静音或振动""安静观赏""适时给予掌声鼓励"4 个方面的具体行为表现。问卷统计结果显示，公共观赏主评指数也较高，为 92.00。由高到低，依次为"按时入场、退场"（93.40）、"安静观赏"（92.80）、"手机调为静音或振动"（91.80）、"适时给予掌声鼓励"（90.20）（见图 12）。

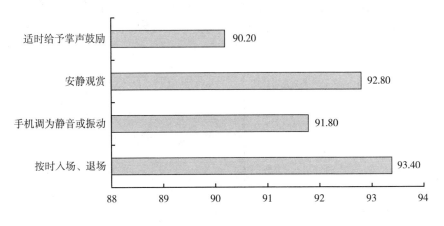

图 12　杭州市民公共观赏主评指数

（五）公益服务方面

公益服务同样包罗甚广，此次调查主要了解杭州市民在"参加社会（社区）公益活动""主动为他人提供方便或帮助""学习掌握基本急救技能""自发做些公益服务""鼓励身边的人参与公益服务"5 个方面的具体行为表现。问卷统计结果显示，公益服务主评指数最低，为 81.00。由高到低，依次为"主动为他人提供方便或帮助"（87.60）、"参加社会（社区）公益活动"（84.20）、"学习掌握基本急救技能"（80.60）、"鼓励身边的人参与公益服务"（79.80）、"自发做些公益服务"（79.00）（见图 13）。

我国的公益事业根植于中国的传统文化，先后经历了公益理念启蒙、公

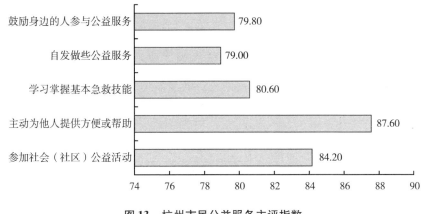

图 13　杭州市民公益服务主评指数

益行动探索、增进社会共识等阶段，积累了宝贵的经验和深刻的教训，走过了一条在实践中探索前进的曲折之路。虽然取得了诸多成就，但也面临很多问题，如公益资源严重不足与配置不合理、政府定位不准、多数企业被动参与、公众知识缺乏与信任危机、公益宣传中的毁誉并存、政策配套不合理等。这些问题使中国公益事业普遍出现民间公益机构羸弱、个人公益碎片化等发展问题。这也是公益服务主评指数最低的一个重要原因。因此，公益事业发展仍任重道远。

（六）网络文明方面

互联网已成为人们学习、工作、生活的重要工具，尤其是青少年一代，是伴随着互联网成长起来的。如今，我们通过敲击键盘、轻点鼠标、触摸屏幕等几个简单的动作，就能随时随地在互联网上获取信息、交流思想、分享资源。目前我国网民数量已超 6 亿人，在互联网这个特殊的公共平台，有很多人在默默地付出，用自己的方式帮助他人、回报社会，让无限的网络世界充满了催人奋进的正能量；但也有一小部分人，用网络充当"挡箭牌"，传播不实言论，对社会和他人进行恶意中伤，造成了恶劣影响。由此，课题组同样将网络文明列入杭州市民公共行为文明素养调查的范畴。此次调查，关于杭州市民网络文明的评价，主要涉及"文明用语，不谩骂、攻击他人"

"不浏览/传播色情、暴力、封建迷信等不良信息""不听信/散布谣言,不传播虚假信息" 3 个方面的具体行为表现。问卷统计结果显示,网络文明主评指数最高,为 93.40。由高到低,依次为"文明用语,不谩骂、攻击他人"(93.60)、"不听信/散布谣言,不传播虚假信息"(93.60)、"不浏览/传播色情、暴力、封建迷信等不良信息"(93.20)(见图 14)。

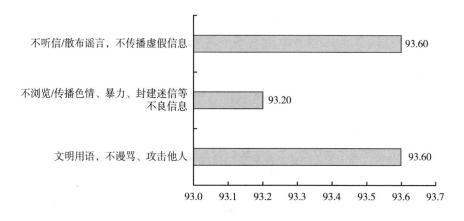

图 14　杭州市民网络文明主评指数

三　受访者类型交叉分析

为了进一步分析杭州市民公共文明指数情况,我们对受访者的户籍、职业、在杭居住年限、年龄和政治面貌等各种因素进行交叉分析,以期发现一些规律性的现象,有助于制定政策,提升杭州市民公共文明指数。

(一)户籍类型交叉分析

统计数据分析表明,不同户籍类型对杭州市民公共文明指数自我评价的差异性显著。整体而言,杭州城镇户籍受访者的自我评价指数最高,其次是杭州农村户籍受访者,再次是外地城镇户籍受访者,自我评价指数最低的是外地农村户籍受访者(见图 15)。

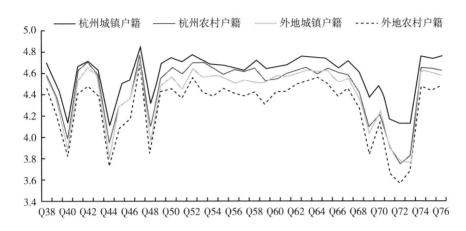

图15 户籍类型交叉分析情况

近年来，杭州市贯彻落实中央和省委部署要求，坚持"两手抓，两手都要硬"的方针，始终把精神文明建设作为推进社会主义核心价值体系建设、文化名城强市建设的基础工程和重要内容来抓，动员广大干部群众深化创建、巩固成果，提升了市民文明素质和社会文明程度。例如，制定实施了《杭州市精神文明建设"十二五"规划》《杭州市 2012～2017 年打造"国内最清洁城市"五年规划》等文件，修订完善了市级文明街道、文明社区、文明服务示范点等文明创建标准，不断健全公共卫生方面的基础设施，营造了良好的公共文明行为环境。这可能也是杭州市户籍居民整体自我评价较高的一个重要因素。

（二）职业类型交叉分析

不同职业类型对杭州市民公共文明指数自我评价的差异性也比较显著。图16 显示，机关行政人员、事业单位人员和离退休人员的自我评价指数相对较高，其次是企业管理人员，最后是企业普通职工。近年来，为了提升杭州市机关部门的文明程度和机关人员的文明素质，杭州市连续开展了文明机关创建活动。组织开展各种形式的职业道德和文明礼仪教育实践活动，明确职业道德规范，加强遵守社会公德、职业道德和家庭美德，鼓励积极参加和支持各项公益爱心事业，开展扶弱帮困、送温暖等志愿服务活动，主动参与文明城市创建各项活动，使自身的公共文明素养得到了较大提高。

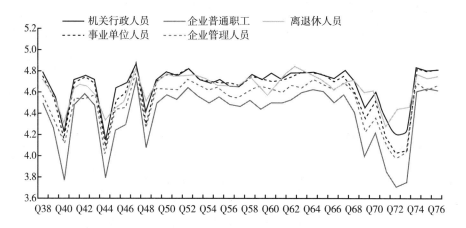

图 16　职业类型交叉分析情况 1

企业普通职工、个体经营者、自由职业者自我评价的差异性不显著（见图 17）。

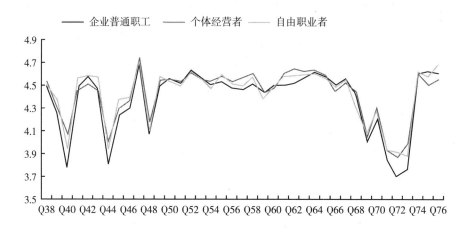

图 17　职业类型交叉分析情况 2

相对于其他群体而言，学生的自我评价指数最低（见图 18）。按照一般的认识，学生通常具备良好的文明行为，具有较高的文明素养，因此，学生的自我评价指数应该相对较高。出现与常识反差较大的现象的可能原因是学生群体品质淳朴、正直，对自己的行为标准要求相对较高。因此，学生的自我评价指数也就相对最低。

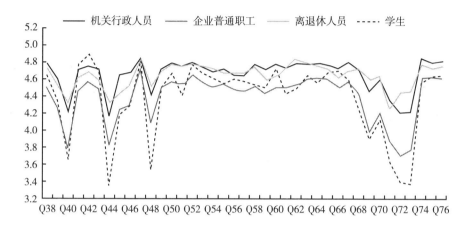

图18　职业类型交叉分析情况3

（三）在杭居住年限交叉分析

图19显示，在杭居住年限与自我文明行为评价存在一定的相关性：居住年限越长，自我评价指数则越高。从图19可以看出，在杭居住年限为21年及以上的受访者自我评价指数最高，在杭居住年限为5年及以下的受访者自我评价指数最低；在杭居住年限为6~10年和11~20年的受访者，虽然两者的自我评价差异性不显著，但也刚好处于21年及以上和5年及以下两个群体的中间。在杭居住21年及以上的受访者，大多是土生土长的杭州人，受杭州城市文化的熏陶时间相对也最长，因此对杭州城市的热爱程度和对自我文明素养的评价自然也会比较高。

（四）年龄交叉分析

受访者的年龄与自我评价存在一定的相关性。整体而言，受访者的年龄越大，自我评价指数也越高；反之，自我评价指数则越低（见图20）。进一

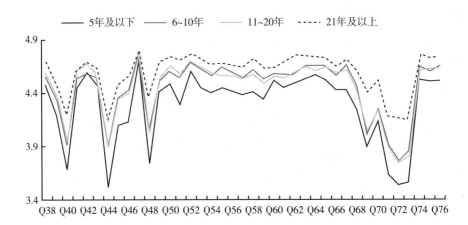

图 19　在杭居住年限交叉分析

步分析，受访者的年龄因素与在杭居住年限、职业等因素存在一定的共线性。通常而言，年龄越大者，在杭居住年限也越长。例如，55 岁及以上的受访者大多在杭生活年限超过 20 年。16～24 岁的受访者大多是学生或者来杭务工的青年，所以自我评价指数就相对较低。

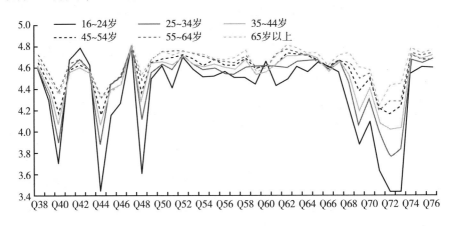

图 20　年龄交叉分析

（五）政治面貌交叉分析

受访者的政治面貌与自我评价也存在一定的相关性。整体而言，中共党员和民主党派的自我评价指数最高，共青团员的自我评价指数最低，群众的自我评价指数居中（见图21）。中国共产党始终代表中国先进生产力的发展要求、中国先进文化的前进方向和中国最广大人民的根本利益，因此，中共党员的整体文化程度和文明素养较高。此外，从图21可以看出，民主党派在公益服务方面的自我评价指数最高。其原因可能是在实践中各民主党派普遍将面向社会公众开展公益服务作为重要工作内容和工作抓手，经常组织义诊、捐款之类的公益服务活动。共青团员这个群体的主要力量是学生，正如上文所分析的：学生群体品质淳朴、正直，对自己的行为标准要求相对较高，所以学生的自我评价指数也就相对较低。

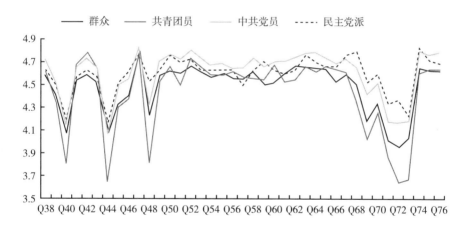

图21 政治面貌交叉分析

四 认知部分分析

为了更全面地了解杭州市民的文明素养情况，推动杭州文明创建向更好、更广、更深层次发展，课题组增加了认知部分调查。本部分调查的内容主要涉及市民对杭州文明创建活动的知晓率、对社会主义核心价值观的认知度、对城市道德风尚和整体形象的评价等几个方面。

（一）对杭州被评为"全国文明城市"的了解情况

"全国文明城市"是我国现阶段综合评价城市文明水平的最高荣誉，是城市形象和发展水平的集中体现，是最有价值的无形资产和重要城市品牌。杭州被评为"全国文明城市"，是全体市民辛勤汗水和卓越智慧的结晶。在回答"您是否了解杭州市在 2011 年被评为'全国文明城市'?"这一问题时，29.7% 的受访者表示非常了解，48.1% 的受访者表示了解，17.5% 的受访者表示不太了解，还有 4.6% 的受访者表示不了解。总体而言，77.8% 的受访者对杭州被评为"全国文明城市"还是非常关心和了解的（见表1）。"全国文明城市"创建工作只有起点、没有终点，只有更好、没有最好。我们应该继续同心协力，奋发前行，努力把杭州建设成为经济更加富裕、管理更加有序、环境更加优美、生活更加舒适、社会更加和谐的文明城市。

表 1　对杭州被评为"全国文明城市"的了解情况

您是否了解杭州市在 2011 年被评为"全国文明城市"?							
非常了解		了解		不太了解		不了解	
频数	占比（%）	频数	占比（%）	频数	占比（%）	频数	占比（%）
1056	29.7	1709	48.1	623	17.5	162	4.6

（二）对社会主义核心价值观的认知情况

党的十八大报告用"富强、民主、文明、和谐；自由、平等、公正、法治；爱国、敬业、诚信、友善"24 个字，分别从国家、社会、公民三个层面概括了社会主义核心价值观。统计结果显示，绝大多数受访者知道这24 个字，其中 93.1% 的受访者选择"富强、民主、文明、和谐"，83.2%的受访者选择"自由、平等、公正、法治"，81.7% 的受访者选择"爱国、敬业、诚信、友善"（见表2）。因此，可以说绝大多数受访者比较了解社会主义核心价值观的内容。

表2　对社会主义核心价值观的认知情况

党的十八大报告用24个字,分别从国家、社会、公民三个层面概括了社会主义核心价值观,具体是指什么?（多选）							
富强、民主、文明、和谐		自由、平等、公正、法治		爱国、敬业、诚信、友善		自强、自立、自尊、自爱	
频数	占比（%）	频数	占比（%）	频数	占比（%）	频数	占比（%）
3296	93.1	2945	83.2	2892	81.7	984	27.8

（三）对中华优秀传统文化与社会主义核心价值观内在关系的认知情况

中华文化源远流长，积淀着中华民族最深层的精神追求，代表着中华民族独特的精神标识，为中华民族生生不息、发展壮大提供了丰厚滋养。习近平总书记在中共中央政治局第十三次集体学习时强调，中华优秀传统文化是社会主义核心价值观最深厚的文化基因、精神纽带、价值源泉。培育和弘扬社会主义核心价值观必须立足中华优秀传统文化。对于这个观点，96.1%的受访者表示理解和赞同（见表3）。

表3　对中华优秀传统文化与社会主义核心价值观内在关系的认知情况

"培育和弘扬社会主义核心价值观必须立足中华优秀传统文化,使中华优秀传统文化成为涵养社会主义核心价值观的重要源泉。"您对这个观点有何看法?									
非常赞同		赞同		不赞同		非常不赞同		不了解	
频数	占比（%）	频数	占比（%）	频数	占比（%）	频数	占比（%）	频数	占比（%）
1996	56.2	1416	39.9	38	1.1	17	0.5	82	2.3

（四）对杭州开展"我们的价值观"主题实践活动的了解情况

社会主义核心价值体系建设，重点在大众化，难点在大众化，生命力也在大众化。自 2011 年以来,杭州市积极探索推进社会主义核心价值体系大众化的途径,推出"我们的价值观"主题实践活动。活动内容丰富,形式多样。例如,以"我们"为基点,提炼共同价值观;打造"运河畔古旧书屋""国学一字堂"等学习场地,以学习为起点,培育网格化学习体验平台;定期策划,开展讨论,宣传典型,诠释感恩、诚信、奉献、关爱、信仰、责任等 12 个核心价值观主题词;等等。通过这一系列活动,积极谋求多元社会中的价值共识,全面提升社会文明水平。调查统计数据显示,仅有 5.9% 的受访者表示不了解杭州推出的"我们的价值观"主题实践活动,其余 94.1% 的受访者对此有不同程度的了解,其中近七成的受访者表示比较了解这个活动(见表 4)。社会主义核心价值体系建设是一项复杂的系统工程、基础工程、灵魂工程,需要建立一个按照内在规律、既定目标和发展路径逐步推进的长效机制,持之以恒、久久为功,不断提高其制度化、科学化、规范化水平。一方面,杭州市要把核心价值体系融入国民教育、精神文明建设全过程;另一方面,要健全制度规范体系,把核心价值体系的基本内容体现到法规规定和政策制度中,细化为市民文明公约、乡规民约、职业规则、学生守则等具体行为准则。这对提高杭州市民公共文明指数有着极为重要的作用。

表 4 对杭州开展"我们的价值观"主题实践活动的了解情况

杭州从 2011 年开始连续多年开展"我们的价值观"主题实践活动,您对此是否了解?							
非常了解		了解		不太了解		不了解	
频数	占比(%)	频数	占比(%)	频数	占比(%)	频数	占比(%)
774	22.0	1549	43.9	995	28.2	207	5.9

(五)对杭州本地道德模范的了解情况

道德是一个文明社会必须遵循的行为准则和规范,体现了一个社会文明程度的高低,道德模范在一定程度上影响着人们追求的道德观。为了在全市形成文明的社会风尚，为杭州的发展提供良好的思想道德环境，必须切实发挥好道德模范的示范作用。这些道德模范，是寻常巷陌里的英雄，他们体现的精神，正是我们的价值观。关于对杭州本地道德模范的了解情况，89.4%的受访者知道"最美妈妈"吴菊萍，84.1%的受访者知道"最美司机"吴斌（见表5）。由此可见，杭州在宣传道德模范方面已经做了大量、细致和卓有成效的工作。老百姓对道德模范的认知度也比较高。未来，还应该继续通过主流媒体开辟宣传专栏，并充分利用新兴媒体开展形式多样的宣传活动，树立正形象，传播正能量。

表5　对杭州本地道德模范的了解情况

以下属于杭州本地道德模范的是？（多选）

孔胜东		郭明义		吴菊萍		吴斌		龚全珍		黄小荣	
频数	占比（%）	频数	占比（%）	频数	占比（%）	频数	占比（%）	频数	占比（%）	频数	占比（%）
2018	57.5	568	16.2	3138	89.4	2952	84.1	264	7.5	479	13.6

五　进一步提升杭州市民公共文明指数的若干建议

（一）将市民公共行为表现纳入个人征信系统

目前，个人征信信息主要由三部分组成：第一部分是本人身份、配偶身份、居住信息、职业信息等个人基本信息；第二部分是银行信贷信用信息汇总、贷记卡准贷记卡信息汇总、贷款信息汇总、为他人贷款担保信息汇总等信贷信息；第三部分是个人参保和缴费信息、住房公积金信息、养路费、电信用户缴费等非银行信息。如果将市民的公共行为表现情况也纳入个人征信系统第三部分的非银行信息，那么每个市民的公共行为将直接影响个人的信用额度。这是显著提高市民公共文明指数的一个重要措施，在发达国家已经得到成功运用。

（二）完善城市公共基础设施

公共基础设施保障了城市经济社会活动的正常运行，是城市赖以生存发展的一般物质条件，也是提升城市市民公共行为文明的重要基础。例如，杭州通过公厕提升改造工程，使公厕数量从 2008 年的 600 多座增加到 2014 年初的 1000 多座，新增厕位数 3800 多个，形成了"15 分钟公厕服务圈"，更好地满足了市民如厕的需求。厕所数量充足，规划合理，杭州城区内的便溺行为几乎没有。同样，垃圾箱分布的密集程度，也必然会影响随地丢垃圾行为发生的概率。因此，进一步完善城市公共基础设施，是提高杭州市民公共文明指数的一个重要基础。

（三）加强中小学生公共文明行为教育

教育是提升市民公共文明指数的必要手段。将公共行为文明习惯培养纳入中小学教育课程体系，通过"学校—学生—家庭"传导模式，让公共文明行为在整个社会中传播，是一种行之有效的手段。杭州多年以来一直在精神文明建设领域开展各类"小手拉大手"活动，如"小手拉大手，清洁大杭州""小手拉大手，安全文明行"等，取得了良好效果。今后，要继续加强对中小学生在公共卫生、公共秩序、公共交往、公共观赏、公益服务和网络文明等方面的教育，让更多的人做杭州市民公共行为文明的参与者、监督者。

（四）鼓励发挥民间组织的作用

市民公共行为文明涉及的范围广、层次多，任何一个政府，无论其多么强大，都不可能提供所有的服务。政府在加强社会管理中要更多地依靠社会力量，依托民间组织，将不该管、管不了、管不好的那些职能和事务剥离、转移，交给民间组织，利用民间组织为居民提供社会公共服务，满足居民多样化的需求。民间组织要在社会管理、社会服务中寻找定位，为社区居民提供更多的有偿或无偿的专业化服务，在提高市民公共行为文明方面发挥服务作用。

（五）及时报道公民道德建设的新典型

运用新闻报道、文艺活动、基层宣讲、展览展板、专题座谈等多种形式，大力宣传助人为乐、见义勇为、诚实守信、敬业奉献、孝老爱亲等方面的先进典型，树立一批凡人善举、好人好事的正形象，传播正能量，使这些平民英雄、道德楷模成为公众明星，营造浓厚的社会文明氛围。

（六）抓好市民公共行为文明的宣传引导

要利用一切宣传阵地，运用一切宣传手段，大力宣传杭州市民公共行为文明的重要意义和具体要求，教育广大居民以主人翁的姿态，更加积极主动地增强自身文明意识。例如，公交车内广播的"让座星期一，礼让每一天"，就是一个很好的宣传手段。当然，宣传阵地还应该继续扩展。又如，公交车内可以少一份商业广告，多一份公益广告；电视节目可以少一份电视购物，多一份公益栏目。要提倡从我做起，从身边做起，用自己的文明行为，去影响身边的人。尤其是党员干部，要充分做好文明行为的表率，积极主动地去影响和引导周边的人，努力促成全民参与的良好局面。

2014年杭州市民公共文明指数调查客评问卷分析报告

　　从当前国情、省情、市情出发，课题组重点对杭州八城区的市民公共文明指数客评状况展开了调查摸底，其中举行面对面的小型访谈和专题座谈不下100次，现场发放问卷3650份，回收问卷3606份，回收率为98.8%；回收问卷中，有效问卷3575份，有效率为99.1%。

　　结合各城区的人口数量和构成特点，对各城区的问卷调查发放总量做了综合权衡，其中上城区发放有效问卷328份，占八城区总有效问卷的9.2%（以下若无特别说明，均指有效问卷）；下城区436份，占12.2%；江干区624份，占17.5%；拱墅区399份，占11.2%；西湖区438份，占12.3%；滨江区198份，占5.5%；萧山区570份，占15.9%；余杭区582份，占16.3%（见图1）。将受访者的年龄分为六个区间，其中16～24岁占比为17.4%，25～34岁占比为18.5%，35～44岁占比为23.9%，45～54岁占比为17.1%，55～64岁占比为11.6%，65～69岁占比为11.4%。将受访者的学历结构分为六个层次，其中小学及以下占比为7.2%，初中占比为22.9%，高中/中专占比为26.8%，大专占比为15.1%，本科占比为26.1%，研究生及以上占比为1.9%。将受访者在杭居住年限分为四个时段，其中5年及以下占比为15.8%，6～10年占比为10.8%，11～20年占比为17.9%，21年及以上占比为55.5%。

　　此次问卷调查的对象涵盖机关行政人员、事业单位人员、企业管理人员、企业普通职工、离退休人员等多种职业人员，涉及共青团员、中共党员、民主党派等不同政治身份，来自杭州城镇、杭州农村、外地城镇、外地农村等多个户籍类型。基于对上述3650份问卷的统计分析结果，以及实地调研和访谈、座谈所形成的综合反馈情况，课题组形成了此调查报告。

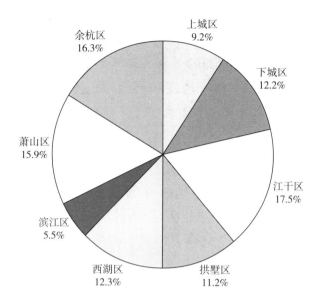

图1 调查问卷发放区域分布情况

一 杭州市民公共文明指数问卷调查客评部分总体概况

关于市民公共文明指数方面的客评总体表现，课题组将调查对象本人对他人的评价结果作为主要衡量依据。从对涉及公共卫生、公共秩序、公共交往、公共观赏、公益服务和网络文明六大领域37个问题的问卷调查统计结果来看，杭州市民公共文明客评总指数为79.16，其中公共卫生客评指数为74.90，公共秩序客评指数为80.31，公共交往客评指数为82.10，公共观赏客评指数为81.80，公益服务客评指数为74.87，网络文明客评指数为81.00（见图2）。根据课题组的指数值100、80、60、40、20分别对应好、较好、一般、较差和差的标准设定，这一数据结果表明，自己认为身边的杭州市民在公共文明指数方面的总体表现属于一般以上并接近较好水平。课题组分析认为，这一结果是比较符合客观事实的，也与我们的日常经验判断结果基本一致。究其原因，这主要跟当下的杭州市情密不可分。近年来，杭州市始终把精神文明建设作为推进社会主义核心价值体系建设、文化名城强市建设的基础工程和重要内容来抓，提升了市民的文明素质和社会的文明程度，营造了良好的社会发展环境。而历史经验和社会实践也表明，当地所展现的社会文明程度和市民自身的文化水平越高，其公共文明素养方面的总体表现也就越好。同时，社会文明程度提升的过程本质上是强化精神文明建设、提高市民文明素养的发展过程，体现并契合了这一工作的一般规律。在调研中，我们体会到，基于杭州深厚的历史文化底蕴和道德土壤所产生的"最美"现象，不仅是对城市社会文明程度和社会风气的充分肯定，而且与市民整体拥有较高的社会文明程度和知识水平在实质上十分契合，可以说，市民普遍具有良好的公共文明素养也是理所当然之事。积极倡导市民群众形成对他人要求与自我要求互为促进的内化于心、外化于行的良性循环，有助于实现市民思想道德素质和公共文明素养"最美"现象由"盆景"到"风景"的转变，产生文明行为"美"的种子随风飘扬、处处生根的蒲公英效应。

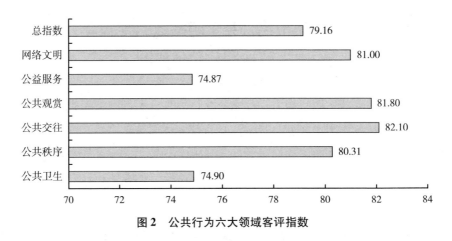

图 2　公共行为六大领域客评指数

二　杭州市民对他人关于市民公共文明指数表现的评价

课题组认为，从市民自己作为城市主人翁的立场出发，对生活在身边的其他市民的公共行为文明表现进行有效评价，往往会更加理性和客观。同时，这也有助于我们更好地体察市民文明素养的原生态状况，发现问题，审视不足，探寻建设发展之路。数据统计显示，杭州市民公共文明指数客评总指数为79.16，总体属于一般以上并接近较好水平。

（一）公共卫生方面

对公共卫生的评价集中在市民6个方面的行为表现，即"把垃圾扔进垃圾箱""垃圾分类投放""不随地吐痰""不在公共场所抽烟""打喷嚏时，有所遮掩""遛宠物时，主动清理宠物粪便"。统计结果显示，市民在公共卫生方面的客评总指数为74.90，高于一般水平。其中，指数最高的是"把垃圾扔进垃圾箱"（84.00），属于较好水平，其次是"不随地吐痰"（77.20）、"打喷嚏时，有所遮掩"（76.00）、"不在公共场所抽烟"（73.00），但"垃圾分类投放"和"遛宠物时，主动清理宠物粪便"的指数最低，分别为68.60和70.60（见图3）。

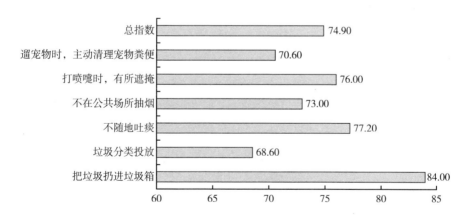

图3　公共卫生方面的客评指数

近年来，杭州市完善了市级文明街道、文明社区、文明服务示范点等创建标准，形成了文明创建的长效机制，健全了公共卫生方面的基础设施。同时，在调研中我们也发现，不少市民认为在公共区域放置垃圾箱，使垃圾箱在公共场所随处可见，是杭州市在践行"利民惠民便民"理念过程中完善城市基础设施方面最直接的体现之一。由于放置的垃圾箱比较具有个性化和亲民性,垃圾箱的分布点多面广,及时把垃圾扔进垃圾箱,对市民而言属于举手之劳。因此,广大市民观察到的事实是绝大多数市民具有"把垃圾扔进垃圾箱"的行为习惯,并能够自觉自为地"把垃圾扔进垃圾箱",市民在"把垃圾扔进垃圾箱"方面的总体表现非常好。

相对而言,"垃圾分类投放"不仅是一个较为复杂并需要一定专业知识的行为,而且也是一个市民公德与私德撞击、传统生活方式与现代生活方式冲突的公共生活行为,其对市民的思想觉悟和主观认识要求更高。在实地访谈中,不少市民反映,在垃圾分类工作方面,杭州市有关部门的确下了很大功夫,从总体上看还是有一定成效的。但在很长一段时间内,杭州市委、市政府对垃圾分类投放的具体要求不明确,配套设施不齐全,教育引导不到位。即便有宣传教育,开展的活动不是缺乏创新性和吸引力,就是与市民的生活方式和行为习惯相脱节,特别是对外来务工人员聚居度比较高的城乡接合部等区域缺乏经常性的和行之有效的教育方法与引导途径。此外,统计结果也显示,无论是杭州城镇居民还是杭州农村居民在垃圾分类投放方面的客评指数都偏低,其中外地城镇居民和外地农村居民的客评指数仅为 63.00 和66.20,这也很好地印证了我们的实地访谈结果(见图4)。由于该项工作还没有建立长期的宣传教育巩固机制和考核激励机制,再加上部分市民对垃圾分类投放不了解或不习惯,直接导致市民参与的自觉性和主动性相对不足,这也使得市民"把垃圾扔进垃圾箱"的表现成为此次所有客评统计指数中的最低项。而生活垃圾分类和减量事关每一个老百姓的生活质量,也事关日益严重的"垃圾围城"之困如何破解。因此,把杭州的发展放在国内外大背景下来审视,努力营造广大市民人人时时处处关心垃圾分类工作的社会氛围,事关杭州的转型升级、改革攻坚、美丽建设等全局,必须高度重视并采取举措加以推进。

"不随地吐痰""不在公共场所抽烟""打喷嚏时,有所遮掩""遛宠物时,主动清理宠物粪便"等公共行为理应是市民在公共空间必须遵守的基本行为准则和道德规范,但其行为背后折射的却是个人在处理利己与利他、

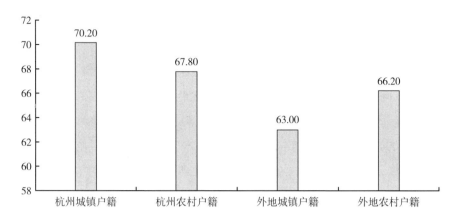

图4 不同户籍类型市民在垃圾分类投放方面的客评指数

公德与私德、个人与集体之间关系时的价值判断。受传统和历史的影响，中国长期以来缺乏规范公共行为的道德准则，这种内在因子至今仍影响着日常行为习惯和生活方式。例如，在个别访谈中，就有不少市民指出，虽然大多公共场所有醒目的禁烟标志，但无论是在宾馆大堂、公园景区，还是在机场车站、街巷小区等人流众多的地方，也不管周围有没有人，总会发现有人抽烟的现象，甚至有的抽烟者对他人的提醒和暗示无动于衷。还有市民指出，不少市民的日常文明行为表现理应可以做到"家内开花家外香"或"家内家外一个样"，但很多人把家里收拾得一尘不染，在外面却经常"变样走形"。例如，有些市民会把宠物视为家庭成员，做到"主动清理宠物粪便"当然不在话下，但带宠物出门在外面玩时，往往会图自己方便省事，很少会自带铲子和塑料袋等工具收集其粪便，这一现象亟须引起相关部门的重视。

（二）公共秩序方面

对于市民在公共秩序方面的公共文明指数评价，主要看其在12个方面的行为表现，具体包括"在日常购物/票过程中自觉排队""上下车排队""在公共场所不大声喧哗""过马路时遵守交通规则""机动车在斑马线前礼让行人"等。数据统计显示，市民在公共秩序方面的客评总指数为80.31，属于较好水平，这说明市民对自己身边的其他市民在公共秩序方面的表现总体评价还是肯定的。在 12 个具体行为表现中，指数超过 80 的有"在日常购物/票过程中自觉排队"（87.60）、"爱护栏杆、指示牌等公物"（82.40）、"不乱写乱画，不攀登或脚踏雕塑和碑碣等公物"（82.40）、"机动车在斑马线前礼让行人"（82.20）、"上下车排队"（80.40）、"过马路时遵守交通规则"（80.00），其余的如"不踩踏草坪和花木"（79.80）、"在马路边或小区内有序停车"（79.40）、"在公共场所不大声喧哗"（77.20）、"不与他人抢道、抢行或插车"（76.00）、"遛宠物时，注意把宠物拴好"（76.00）、"公共场所出现混乱时，主动维护秩序"（70.10）6 个方面的指数皆为 70 ~ 80，接近较好水平（见图 5）。由此可以得知，绝大多数市民能主动做到在日常购物/票过程中自觉排队，爱护栏杆、指示牌等公物以及不乱写乱画，不攀登或脚踏雕塑和碑碣等公物。同时，即便在没有交警维持秩序的情况下，市民也能较好地做到机动车在斑马线前礼让行人、上下车排队和过马路时遵守交通规则。

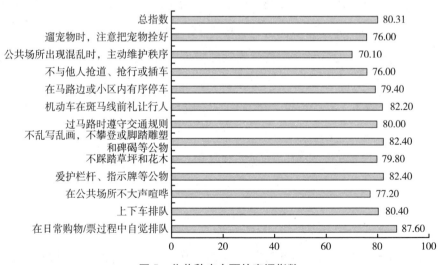

图 5　公共秩序方面的客评指数

从在杭居住年限看，在杭居住年限为 11 ~ 20 年的市民在公共秩序方面的客评指数最高，为 81.80；其次是在杭居住年限为 21 年及以上的市民，客评指数为79.30。从职业状况来看，离退休人员的客评指数为83.68，居第2位。这从另外一个侧面可以看出，对于长时间生活在杭州的市民来说，在杭居住生活时间越长，心中对城市的质朴情怀越浓厚，也更能从心灵深处去关心和维护城市的美好形象。在这些具体行为中，"在日常购物/票过程中自觉排队"的客评指数最高，并好于"上下车排队"的表现。究其原因，这在很大程度上与当时所处的环境有关。从实地访谈中得知，不少市民代表也透露了"不论何时何地"和"视相应情况"排队的心理经历，这从另外一个侧面反映了部分市民自觉排队的意识不够强，购置物品时的排队文明仍有一定的提升空间。此外，很多市民尤其是新杭州人对市民公共文明指数提升很直观的感受是，市民在交通出行文明礼让方面做得非常好，尤其是在斑马线前机动车的文明礼让，让大家出行很安心、放心，甚至还有一些感动。相对而言，私家车比公交车、出租车做得差一些，或许正是这样的反差，在一定程度上增加了新的交通事故隐患，做好私家车的文明礼让宣教引导工作刻不容缓。

在12种行为中，市民在"在公共场所不大声喧哗"的客评指数不是很高。在日常生活中，我们也会发现一些市民将这种大声说话的习惯带到了公共场合，强迫周围人"分享"他的话，这既打扰了别人，又弄得自己十分尴尬。分析结果还显示，市民在"公共场所出现混乱时，主动维护秩序"的表现最差。这一现象的出现，难免与社会上出现的信仰失落、道德失规、心理失衡、行为失范的不良现象有关，但从根本上说，这受到中国传统的以家为本位的思想观念和价值导向影响。正因如此，不少国人在遇到需要挺身而出维护公共利益时，往往会处于矛盾心理并采取猥琐行为，杭州市民当然也不例外，仍有必要提高这方面的道德素质和文明素养。

（三）公共交往方面

关于市民在公共交往方面的公共文明指数评价，主要包括7个方面的具体行为表现，即"低声交谈""乘客之间相互谦让""与他人交流时面带微笑，态度和蔼""与人交往时有礼貌""主动为别人让路"等。统计数据显示,市民在公共交往方面的客评总指数为 82.10(见图 6)。其中,"给老、弱、病、残、孕及怀抱婴儿者让座"的客评指数为 86.00,属于较好水平,该项指数也是 37 项客评项目中指数值较高的。

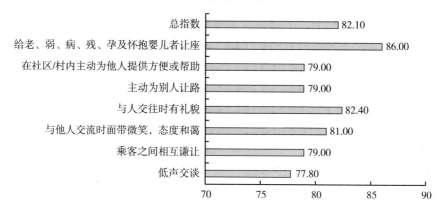

图 6 公共交往方面的客评指数

各年龄段的该项客评指数统计结果显示,16~24 岁的客评指数为 84.00,25~34 岁的客评指数为 84.20,35~44 岁的客评指数为 85.80,45~54 岁的客评指数为 87.00,55~64 岁的客评指数为 88.20,65~69 岁的客评指数为 89.00(见图 7)。这一行为的自觉意识与实施者的年龄呈现有规律的正相关,年龄越长者往往施行的主动性越强,愿望也显得更加迫切。

市民的让座行为能够蔚然成风,其实是多种因素综合推进的结果,这其中除了杭州这座城市特有的土壤和气候外,实质上是由市民与生俱来的"最美思想道德素质和科学文化素养基因"决定的。除了"给老、弱、病、残、孕及怀抱婴儿者让座""与人交往时有礼貌""与他人交流时面带微笑,态度和蔼"的客评指数超过 80 以外,"主动为别人让路"等其他 4 项行为的客评指数均在 80 以下,其中"低声交谈"的客评指数相对较低,仅为 77.80,这说明市民在"低声交谈"方面的行为表现不是很理想,即在公共场所说话时,依然我行我素,不太会考虑周边其他人的体会和感受。而这与前文提到的市民在公共卫生方面的"遛宠物时,主动清理宠物粪便"和在公共秩序方面的"公共场所出现混乱时,主动维护秩序"等指数不高的行

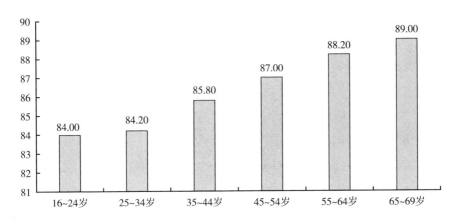

图7 "给老、弱、病、残、孕及怀抱婴儿者让座"分年龄段客评指数

为有着基本类似的原因,两者的区别只是在于前者的交往对象具有相对固定性,而后者往往具有一定的开放性和不确定性。

在座谈会上,有一位来杭工作的外地交警对杭州市民在"与他人交流时面带微笑,态度和蔼"以及"与人交往时有礼貌"方面的行为表现评价相对较高,并从亲身经历的角度,肯定了杭州人在遇到有人问路时总是能很热心、很负责地为陌生人指路或带路的高尚行为。这些发生在身边的现象,不仅符合每位杭州居民的日常生活体验,而且与课题组在多个场合做分众调查时得到的反馈结果基本一致。课题组分析认为,这一现象的产生主要归因于两个方面:一是由于杭州作为历史文化名城,民风淳朴,尤其蕴藏在民间的"草根之美"原汁原味,没有刻意地导演和修饰,具有强大的感染力和传播力;二是由于市民的文化程度和受教育水平总体较高,再加上杭州市积极号召和引导广大普通民众在遵守基本道德规范的基础上追求和践行更高层次的道德标准,推动实现全民道德水平的整体提升。因此,被社会各界广泛传诵和赞誉的主动为陌生人引路的行为,恰恰印证了杭州市民具有良好文明素养的强大力量。

(四)公共观赏方面

一般而言,公共观赏是对所有通过科技、竞技、演技等手段催生的产品、作品、竞赛、表演的观赏，是一种对人性美的审视和分享。本书所指的公共观赏主要是指市民在电影院或剧场内进行公共观赏时表现出的公共行为。对于市民在公共观赏方面的文明指数客评情况，主要依据其在"按时入场、退场""手机调为静音或振动""安静观赏""适时给予掌声鼓励" 4 个方面的具体行为表现。数据统计显示，杭州市民在公共观赏方面的客评总指数为 81.80，这也是本次调查所涉及的公共卫生、公共秩序、公共交往、公共观赏、公益服务和网络文明六大领域中客评平均指数较高的领域，仅次于公共交往。其中，"按时入场、退场"和"适时给予掌声鼓励"的指数均超过 80，分别为 85.80 和 81.60，其余两项行为的指数皆接近 80（见图 8）。

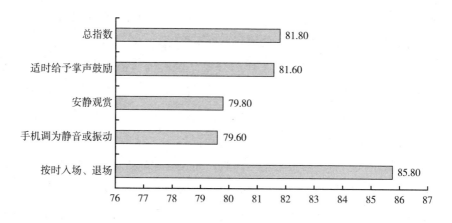

图 8 公共观赏方面的客评指数

从职业状况来看，机关行政人员、事业单位人员、企业管理人员在公共观赏方面的表现尤其突出，客评指数分别为 85.60、82.00 和 82.40，远超过该项客评总指数（见图 9）。从学历类型来看，研究生及以上学历的市民在公共观赏方面的表现较好，尤其在"按时入场、退场"方面做得最到位，客评指数达到 87.40，为该学历市民在所有 37 个调查项目中的最高指数。同时，日常生活经验也表明，前往电影院或剧场观看影视作品的大多数市民往往具有一定的消费能力并具有较高的文化程度，这也就意味着这些人大多能遵守"按时入场、退场""适时给予掌声鼓励""手机调为静音或振动""安静观赏"等基本的公共观赏行为规范。当然，日常经验同时也告诉我们，仍有少部分市民在公共场合观看电影、戏曲、表演或者开会、听讲座时，尽管有工作人员要求将手机设置为无声，但仍时有电话铃声响起、随意接听手机或交头接耳的不雅之举。此外，在调研中，在杭工作的海外人士和曾有海外工作经验的市民代表也指出，中国人（当然也包括杭州市民在内）在这方面的行为表现与发达国家的公民仍有差距，存在一定的提升空间。

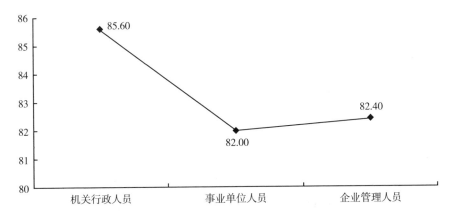

图9　公共观赏方面不同职业类型市民的客评指数

（五）公益服务方面

随着经济社会的发展，公益服务的涉及范围越来越广，活动内容也越来越丰富。此次有关公益服务抽样调查的目的，主要在于了解市民在"参加献血、捐款等活动""参加社会（社区）公益活动""参加志愿者服务""自发做些公益服务""鼓励身边的人参与公益服务"5个方面的具体行为表现的客评情况。统计数据显示，杭州市民在公益服务方面的客评总指数为74.87，其中"参加献血、捐款等活动""参加社会（社区）公益活动""参加志愿者服务""鼓励身边的人参与公益服务""自发做些公

益服务"的客评指数分别为 78.00、77.80、77.80、73.60 和 73.20，属
于一般以上接近较好水平（见图 10）。

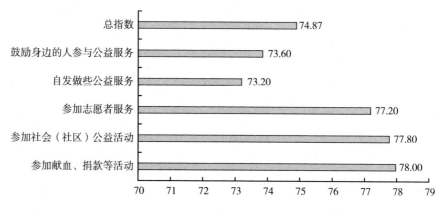

图 10　公益服务方面的客评指数

　　近年来，得益于党委政府的高度重视和民间志愿组织的不竭努力，面向
市民公益服务的载体、平台、途径不断丰富，所提供的不同种类、层次、内
容和形式的公益服务产品层出不穷。同时，杭州之所以能成为全国公民思想
道德高地，在很大程度上得益于杭州市民参与公益服务的思想和行动的自觉
自信。这从另外一个角度充分说明了市民在公益服务方面的文明指数客评表
现还是值得肯定的。从统计结果中可以看出，"自发做些公益服务"和"鼓
励身边的人参与公益服务"的指数相对较低，这说明市民在主动开展公共
服务争做"公益人"和鼓励他人争做"公益人"方面的思想意识比较淡薄，
主动性和积极性相对不够。此外，在座谈会上，不少市民代表指出，我们身
边开展的志愿服务和公益服务更多地以官方组织的活动为主，而这些活动有
的还带有完成指标和硬性摊派的意味，自觉自愿参与的人不是很多。还有一
些从事人文社会科学研究的专家代表也指出，在海外，不论是志愿服务还是
公益服务，其服务制度比较健全，对参与人员的具体要求也比较高，其人员
的选聘竞争程度丝毫不亚于我们的公务员考试。对于竞聘上的从事志愿服务
的人来说，这是一种很大的荣耀，同时也是对推进公益服务、营造良好氛围
的有力鞭策。这些成功经验值得我们学习借鉴。

（六）网络文明方面

当前，互联网的影响越来越大，正在深刻改变着社会舆论格局。网络在让人们得到生产生活上的极大便利和快捷的同时，舆情民意也得以畅通表达。有关数据显示，杭州已成为一个名副其实的互联网大市、强市。基于此，课题组将网络文明列入市民公共行为文明指数的客评范畴。此次调查，关于杭州市民在网络文明方面的评价，主要涉及"文明用语，不谩骂、攻击他人""不浏览/传播色情、暴力、封建迷信等不良信息""不听信/散布谣言，不传播虚假信息"3个方面的具体行为表现。统计结果显示，杭州市民在网络文明方面的客评总指数为81.00，其中"文明用语，不谩骂、攻击他人""不浏览/传播色情、暴力、封建迷信等不良信息""不听信/散布谣言，不传播虚假信息"3个方面的具体行为表现客评指数均在80以上，属于较好水平（见图11）。

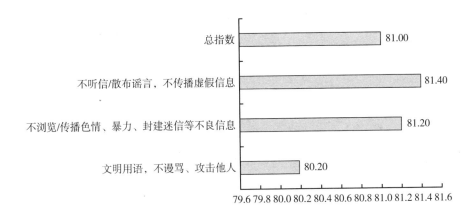

图11 网络文明方面的客评指数

从政治面貌来看，属于中共党员和民主党派的市民在网络文明方面的表现相对较好，客评指数分别为82.53和83.33；而属于共青团员的市民在网络文明方面的表现相对较差，客评指数为76.40，仅为一般以上水平（见图12）。这说明综合素质相对较好、思想觉悟相对较高的市民在网络文明方面的自律意识更加强烈，对自己要求也更为严格，能自觉做到诚信友好交流、不传播低级淫秽和虚假不实信息等文明上网。同时，认真做好杭州市青少年的文明上网规范工作刻不容缓。

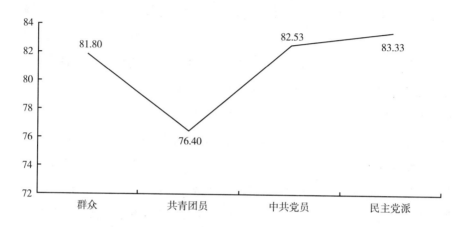

图 12   在网络文明方面不同政治面貌市民的客评指数

　　近年来，杭州市以网络文化节等为抓手，扎实推进网络文明建设，着力营造清朗网络环境。总体来看，杭州市没有发生危害网络生态环境并造成极其恶劣影响的网络事件，这在一定程度上说明杭州的网络环境是健康清朗的，市民的网络文明素养总体客评情况也是值得肯定的。同时，我们也要清醒地认识到，随着微信、微博、手机报、移动客户端等新兴媒体的崛起，网络舆论规模逐渐扩大，网络活跃度不断提升，一定范围内的虚假低俗、噱头炒作、造谣攻讦、网络暴力等不文明行为也屡见不鲜，切实做好杭州市的网络舆论引导和互联网管理，大力发展健康向上的网络文化任重道远。

（七）公共认知方面

　　结合近年来杭州经济社会发展的实际，课题组还特别开展了公共认知方面 5 个相关内容的问卷调查，以更全面地了解市民的文明素养概况。
　　一是评选"全国文明城市"。在 2011 年 12 月 20 日举行的全国精神文明建设工作表彰大会上，杭州荣获第三批"全国文明城市"称号。同时，杭州还广泛开展文明城市、文明街道（乡镇）、文明社区（村）等群众性精神文明创建活动，不断提升市民的幸福感和城市的美誉度。关于对"您是否了解杭州市在2011年被评为'全国文明城市'？"的问卷调查，统计结果显示，对此事"了解"的市民比例为48.1%，"非常了解"的市民比例为29.7%，这充分说明绝大多数市民对此事印象深刻。对于杭州为创建"全国文明城市"所付出的努力，以及创建后所带来的变化，绝大多数市民是肯定和认可的。这一结果也与我们的日常生活体会和随机访谈结果基本一致。不过，统计结果还显示，仍分别有17.5%和4.6%的市民对此事"不太了解"和"不了解"，这说明杭州市的精神文明建设还需进一步加强。

二是弘扬核心价值观。自2011年开始，杭州市紧密结合学习型城市建设，深入开展"我们的价值观"主题实践活动。新时期，还紧扣党的十八大精神与杭州市宣传思想工作的结合点，不断创新载体，积极抓好社会主义核心价值观24个字的宣传推广工作。关于对"杭州从2011年开始连续多年开展'我们的价值观'主题实践活动，您对此是否了解？"的问卷调查，统计结果显示，对此事"了解"的市民比例为43.9%，"非常了解"的市民比例为22.0%，这一比例虽然低于市民对杭州成功创建"全国文明城市"的了解程度，但从总体上看，绝大多数市民对组织开展的"我们的价值观"主题实践活动是支持的，对所取得的成绩也是认可的。关于对"党的十八大报告用24个字，分别从国家、社会、公民三个层面概况了社会主义核心价值观，具体是指什么？"的问卷调查，由于该项设置为多项选择，应该说是具有一定难度的，但是统计结果显示，80%以上的市民能够选出一个以上的正确选项，选择"富强、民主、文明、和谐""自由、平等、公正、法治""爱国、敬业、诚信、友善"的市民比例分别达到93.1%、83.2%和81.7%。这说明24字的社会主义核心价值观符合我国国情和民众期望，体现了价值导向和道德操守，再加上杭州市对党的十八大精神尤其是这24字的深入解读和主动宣传，广大市民已能较好地理解关键词、字的含义和本质要求。关于对"'培育和弘扬社会主义核心价值观必须立足中华优秀传统文化，使中华优秀传统文化成为涵养社会主义核心价值观的重要源泉。'您对这个观点有何看法?"的问卷调查,调查结果显示,高达56.2%和39.9%的市民分别"非常赞同"和"赞同"应积极继承和弘扬中华优秀传统文化,以更好地培育和弘扬社会主义核心价值观。应该说,杭州市的社会主义核心价值体系建设虽已取得了丰硕的成果,并走在全省乃至全国的前列,但在新的时代条件下,还应顺应时代发展和社会进步的需要特别是民众的期待,不断注入新的生机和活力。

三是知晓道德模范。近年来,杭州市不断推进公民道德建设,"最美"在杭州不再是单一的个案,而是已成为闪耀的群星。杭州先后涌现出的"最美妈妈"吴菊萍、"最美司机"吴斌等"最美人物",成为群众热议、追捧、学习的草根明星和平民英雄,同时,更多默默无闻的基层道德模范也不断涌现。关于对"以下属于杭州本地道德模范的是?"的问卷调查,调查结果显示,在孔胜东、郭明义、吴菊萍、吴斌、龚全珍、黄小荣6个候选人中,吴菊萍、吴斌、孔胜东的知名度最高,知晓率分别高达89.4%、84.1%和57.5%。这一结果固然跟有关部门在这方面正面宣传的重点、力度和导向有关,但从根本上而言,这三个人身上体现出的充满爱心、见义勇为,敬业奉献、虔诚勤勉,诚实守信、助人为乐的宝贵精神品格更能代表杭州的城市精神和杭州人的价值追求,同时,他们的事迹也更能感动社会、温暖人心,所以也更能被广大市民所熟知和接受。

三 新时期加强杭州市民公共文明 素养建设的对策建议

一是在健全发展大格局上有新加强。历史和现实证明,杭州之所以能够顺利推进改善民生、提升品质之举,涌现的"最美"现象之所以能够由"盆景"变为"风景",与杭州这块"美丽沃土"固然分不开,但更得益于顶层设计的开明支持。全方位、多层次、宽领域的提升市民文明素养建设大格局,既是杭州市深入贯彻落实科学发展观的一项重要举措,也是公民思想道德建设和文明城市创建工作实现可持续发展的必由之路。各级党委、政府要充分认识提升市民文明素养的重大意义，切实把其摆在全局工作的重要位置，纳入党委、政府的议事日程，纳入经济社会发展的总体规划，纳入综合绩效考核，认真研究部署，强化督促检查，力求落到实处、收到实效。牢固树立"全市加强市民文明素养建设一盘棋"的思想，充分发挥政府的主导作用，加强宏观统筹，进一步完善党委统一领导、党政群齐抓共管、文明委组织协调、有关部门各司其职、社会各界积极参与的领导体制和工作机制，加大投入，整合资源，积极形成政府引导、多轮驱动、上下互动的市民文明素养建设大格局。

二是在完善政策导向上有新推进。深刻把握新形势下深入推进公民思想道德建设的发展规律，结合贯彻实施的《社会主义核心价值体系建设实施纲要》和《杭州市公民道德建设纲要》等，找准切入点，寻求突破口，进一步完善既体现社会主义核心价值体系要求又符合杭州市市情的政策法规、规章制度和行为准则，实现市民文明素养建设有章可循。以创建文明行业、文明单位、文明村镇为载体，不断完善市民文明公约、乡规民约、学生守则等行为规范。针对当前社会上一部分人身上出现的信仰失落、道德失规、行为失范等不良现象，应抓紧出台杭州市"十三五"社会信用体系建设规划和行动计划，大力推进社会诚信、企业诚信和个人诚信建设，并通过将市民公共行为文明表现情况纳入居民个人征信系统等方式，在市民日常生活及社会管理中形成有效的激励约束机制，培养市民主动践行公共文明行为的良好习惯和生活方式。

三是在创新工作载体上有新发展。树立高度的自觉自信，把市民文明素养建设与贯彻党的十八大精神结合起来，与深入开展"我们的价值观"主题实践活动、深化学习型城市建设、推进文化名城及文化强市建设结合起来，与深化文明创建、开展"走转改"活动、加强干部人才队伍建设结合起来，与开展的杭州市道德模范等"十个十佳"评选表彰活动、道德领域突出问题专项教育和治理、未成年人思想道德建设、学雷锋志愿服务、"最美"现象等活动结合起来，精心设计载体途径，倡导正确的价值观和行为导向，把弘扬社会主义核心价值观、践行文明行为、提升文明素养融入人们的日常生活和工作之中，转化为市民的群体意识和自觉行动。而中华优秀传统文化源远流长，博大精深，孕育了中华民族的宝贵精神品格和崇高价值追求，至今依然是我们推进改革开放和社会主义现代化建设的强大精神力量。当下，应紧密结合杭州经济社会发展和社会转型新阶段的实际，结合人民群众世界观、人生观、价值观的现实特点，挖掘亮点，突出特点，做好弘扬和传承优秀传统文化的大结合这篇文章，为提升市民文化素养和社会文明程度凝聚强大的精神力量和有力的道德支撑。

四是在宣传教育上有新提升。充分发挥新闻媒体的主阵地作用和公益广告、专题讲座、微型党课、微电影等在传递文明、引领风尚方面的独特作用，推动社会主义核心价值体系建设和市民文明素养建设进机关、进企业、进学校、进村镇、进军营等，引导广大市民群众增强对市民文明素养建设的认知、认同。发挥文艺宣传形式活泼、贴近群众、富有感染力和说服力的优势，用群众喜闻乐见的形式，面对面阐述部署、解读决策、宣讲形势。积极适应社会环境的新变化、工作对象的新特点和人民群众的新需求，充分发挥微信、微博、手机报、新闻移动客户端等新兴媒介的优势，通过制作专题网页、开设互动论坛、办好资料链接等形式，集中做好网上宣传，牢牢把握舆论引导的主动权，形成网上正面舆论强势。切实加强网上阵地建设，把市民文明素养建设与深入推进"文明办网、文明上网"工作相结合，倡导千家网站开展文明自律活动，深化青少年文明上网系列活动，加强对网络论坛、即时通信工具、社交网站等的管理，切实营造清朗的网络环境。各区、县（市）也要积极配合，因地制宜，做好联动，创造更多市民乐于参与、便于参与的新载体，推动形成点面结合、上下互动的强大声势，使杭州市市民文明素养建设的宣传教育工作始终紧跟时代步伐。

五是城乡一体化上有新拓展。坚持以城带乡、城乡统筹，不断加强城市"四化"建设，推进"数字城管"扩面提质，并依托加快打造"国内最清洁城市""联乡结村""区县市协作""结对帮扶"等载体途径，竭力推动各项工作由主城区向城郊接合部和周围县市覆盖延伸，进一步提升城市管理的现代化水平。加大中心镇、中心村和"百千"工程、"美丽乡村"等建设力度，深入开展"文明镇""文明村""文明户"等群众性精神文明创建活动，广泛开展"我们的节日""种文化"等群众文化活动，美化市容市貌，培育新市民，树立新风尚。扎实推进学习型城市建设，抓好"满城书香"年度行动方案的落实，深入构建"一线、一网、三圈、三体"八大学习平台，继续办好杭州学习节，开展惠及城乡广大群众的全民阅读活动。切实加强文化阵地工程建设，推进"农村文化礼堂"建设，不断完善四级公共文化设施体系，实现文化活动、文化设施城乡共建共享与协调发展。

2014年杭州市民公共文明指数调查
外籍人士评价报告

　　课题组面向在杭居住生活半年以上的外籍人士发放问卷300份，回收问卷283份，全部为有效卷，问卷回收率和问卷有效率分别为94.33%和100%。问卷调查的对象来自韩国、日本、印度尼西亚、巴基斯坦、英国、德国、意大利、美国、澳大利亚、尼日利亚等50多个国家，其中在杭居住年限为0.5～1年（含）的占比为30.7%，1～3年（含）的占比为48.7%，3～5年（含）的占比为14.6%，5～10年（含）的占比为4.6%，10年以上的占比为1.5%（见图1）。与外籍人士在杭州从事的职业结构相对应，参加此次问卷调查的外籍人士也主要为在杭高校的外国留学生，少数为在阿里巴巴等企业就职的员工。在开展问卷调查的同时，课题组于2014年11月

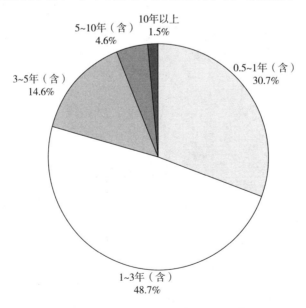

图1　外籍人士在杭居住年限分布情况

19 日组织召开了数位外籍人士参加的座谈会，面对面地听取他们对杭州市民公共文明的观感和评价，以及他们对杭州加强精神文明建设、提升市民公共文明的建议。基于对上述 283 份问卷的统计分析以及与外籍人士的现场座谈，课题组形成了此调查报告。

一 在杭外籍人士公共文明的总体状况

课题组对外籍人士公共文明状况的评估主要以他们的自我评价为依据。从问卷调查结果来看，在杭外籍人士的主评总指数为 82.75，其中公共卫生主评指数为 80.38，公共秩序主评指数为 85.18，公共交往主评指数为 86.96，公共观赏主评指数为 86.10，公益服务主评指数为 71.16，网络文明主评指数为 86.74（见图 2）。这一数据结果表明，在杭外籍人士的公共文明属于总体较好水平。课题组分析认为，这是符合事实的，符合我们的日常经验判断的。其原因则与外籍人士的职业结构和自身状况紧密相关。现实表明，人们的公共文明与其文化程度和受教育水平高度正相关，也就是说，人们的文化程度越高、受教育水平越高，其行为文明总体表现就越好。目前，来到杭州并定居半年以上的绝大多数为外国留学生。这些人的文化程度普遍较高，受过良好的教育，加之他们的家庭出身也往往不错，他们普遍具有良

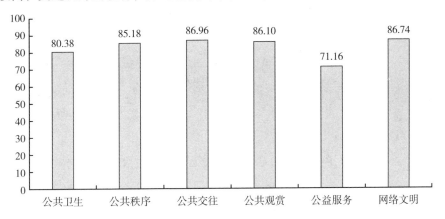

图 2　外籍人士在城市公共文明六大领域的主评指数

好的公共文明也是理所当然之事。即便少数在杭就业的企业员工，也因为他们往往是就职于阿里巴巴等著名企业的高管或专业技术人员而显著不同于国内如广州等城市的外籍居民，这也就意味着其受教育状况同样良好，他们同样属于公共文明素养较高的群体。

二　外籍人士对杭州市民公共文明的评价

在杭居住的外籍人士由于来自他国异域，且基本与杭州本地居民无太多直接的利益牵连和复杂的情感纠葛，其对杭州市民公共文明表现的看法往往更理性，更具客观性，因而可以从一个他者的角度、像一面镜子一样帮助我们更好地评价杭州市民的公共文明状况，更好地看到我们自身的不足以及与发达国家的差距。数据统计显示，外籍人士对杭州市民公共文明的总体评价（客评）指数为 65.34，属于一般水平。

（一）公共卫生方面

外籍人士对杭州市民在公共卫生方面的评价集中于其在 6 个方面的具体行为表现，即"把垃圾扔进垃圾箱""垃圾分类投放""不随地吐痰""不在公共场所抽烟""打喷嚏时，有所遮掩""遛宠物时，主动清理宠物粪便"。数据统计显示，外籍人士对杭州市民在公共卫生方面的总体评价指数为 55.20，低于一般水平。其中，评价指数最高的是"把垃圾扔进垃圾箱"（71.60），指数低于 60 的有"打喷嚏时，有所遮掩"（55.50）、"垃圾分类投放"（54.60）、"遛宠物时，主动清理宠物粪便"（54.40），而"不随地吐痰"和"不在公共场所抽烟"的指数更是低于 50，分别为 49.00 和 46.60（见图 3）。

由于杭州公共卫生方面的基础设施较为健全，垃圾箱在公共场所随处可见，加之把垃圾扔进垃圾箱属于举手之劳，因而外籍人士观察到的事实是杭州市民在"把垃圾扔进垃圾箱"方面的总体表现还不错。比较而言，"垃圾分类投放"则是较为复杂、需要一定专业知识的行为，其对杭州市民的思

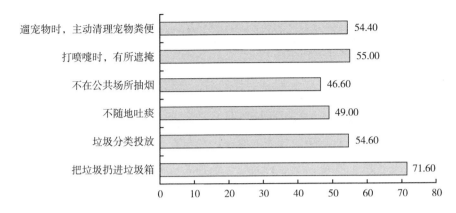

图3 外籍人士对杭州市民在公共卫生方面的评价指数

想觉悟和主观认识要求更高。在很长一段时间内，政府对垃圾分类投放没有明确的要求和配套的举措，相关宣传也不够，加之部分居民对垃圾分类投放不了解或者不习惯，这就使得杭州市民在"垃圾分类投放"方面的表现远不及其在"把垃圾扔进垃圾箱"的表现，两者的指数相差17.00。杭州的"垃圾围城"威胁日益严峻，减量化处理和资源化处理是应对这一挑战的基本思路，而垃圾分类投放正是垃圾减量化处理和资源化处理的基本前提和基础环节。就此而言，培养杭州市民分类投放垃圾的良好习惯，增强杭州市民分类投放垃圾的行动自觉，事关杭州的东方品质之城建设和经济社会持续发展，必须高度重视并采取多方面的有力有效举措。"不随地吐痰""不在公共场所抽烟""打喷嚏时，有所遮掩""遛宠物时，主动清理宠物粪便"，都是市民在公共场所和公共空间所必须遵守的基本行为规范，其背后反映的是中国人私德与公德的关系。由于中国历史上历来缺乏公共空间和公共生活，规范公共空间和公共生活的公德也相应缺乏，中国人长期以来是私德强于公德，并影响至今，因此杭州市民在这4个方面的表现在外籍人士看来都不好，也就不让人惊讶了。当然，这些行为尤其是杭州市民随地吐痰和在公共场所抽烟的行为，污染了杭州的美丽环境，影响了杭州市民的良好形象，给外籍人士留下了不好印象，让他们很反感。在座谈会上，数位外国朋友说杭州的一些公共场所虽有禁烟标志，但在公交车站和公交车上等公共场所仍然经常可见抽烟现象，并认为由于处罚力度不大、执法不严，一些本该禁烟的地方也有抽烟现象，一些市民在公共场所抽烟的现象一再发生。媒体曾多次报道过的杭州热心市民在公交车上劝阻乘客吸烟反遭人打的新闻，也佐证了外国朋友的观感。参加座谈会的一位俄罗斯朋友同时指出，包括杭州市民在内的许多中国人往往认为公共场所不是自己个人的，因而只会把自己家里弄得干干净净，在外面却随地吐痰。而在许多西方人看来，大地是母亲，是上帝，人们不能随地吐痰，不能对大地母亲和大地上帝有污染和亵渎的行为。

（二）公共秩序方面

外籍人士对杭州市民在公共秩序方面的公共文明评价，主要看其在 12 个方面的具体行为表现，包括"在日常购物/票过程中自觉排队""上下车排队""在公共场所不大声喧哗""爱护栏杆、指示牌等公物""不踩踏草坪和花木""不乱写乱画，不攀登或脚踏雕塑和碑碣等公物""过马路时遵守交通规则""机动车在斑马线前礼让行人""在马路边或小区内有序停车""不与他人抢道、抢行或插车"等。数据统计显示，外籍人士对杭州市民在公共秩序方面的总体评价指数为 63.18，略低于一般水平，这说明外籍人士对杭州市民在公共秩序方面的表现总体评价较低。在具体 12 个行为表现中，指数超过 60 的有"在日常购物/票过程中自觉排队"（68.00）、"爱护栏杆、指示牌等公物"（70.60）、"不踩踏草坪和花木"（70.80）、"不乱写乱画，不攀登或脚踏雕塑和碑碣等公物"（71.40）、"机动车在斑马线前礼让行人"（60.60）、"在马路边或小区内有序停车"（68.20）、"公共场所出现混乱时，主动维护秩序"（60.00）、"遛宠物时，注意把宠物拴好"（68.20）8 个方面，其余 4 个方面的指数为 50~60（见图 4）。

大致说来，公共秩序方面的文明素养评价主要关涉杭州市民的排队文明、交通文明和出游文明等。可以看出，多数市民有"不踩踏草坪和花木""不乱写乱画，不攀登或脚踏雕塑和碑碣等公物"的行动自觉，这是令我们比较欣慰的，也说明大多数杭州市民具有主人翁意识，是能够爱护杭州这座中国著名风景旅游城市的美丽风景的。在排队文明方面，可以看出，杭州市

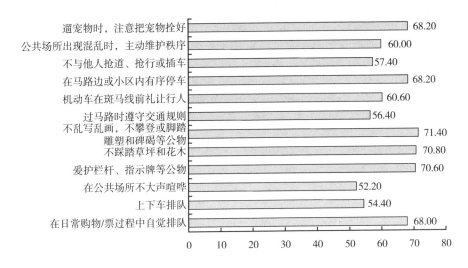

图 4　外籍人士对杭州市民在公共秩序方面的评价指数

民"在日常购物/票过程中自觉排队"的表现好于"上下车排队"的表现。从客观原因分析,这显然与情境的不同有关,即市民在空间有限、时间紧迫的情境下往往就不能做到自觉排队,而在空间宽阔、时间充裕的情境下,多数市民是可以做到自觉排队的。当然,杭州市民这种在不同情境下的不同表现仍然说明其自觉排队的意识不够强,说明其排队文明仍有提升的必要。真正的好的公共文明和行为习惯,是不论在什么场合都能始终表现如一、做到慎独慎微的。从图 4 还可以看出,外籍人士对杭州市民交通出行方面的表现也有不满意之处,主要集中在过马路时不遵守交通规则、乱闯红绿灯,以及驾车时有抢道、抢行或插车等行为。在座谈会上,数位外国朋友都说杭州市民的这类行为不时出现。一位在浙江大学任教的美国教授说,他在杭州开车经常因为其他机动车抢道、抢行或插车等而生气,相比而言,他在上海开车要舒心得多。其意指上海市民的交通文明素养高于杭州市民,这是值得杭州市民重视的。杭州多年来倡导斑马线前礼让行人,深受市民和游客称赞。在座谈会上,外国朋友都对此表示了充分肯定,不过他们也同时指出,私家车的表现较差,在斑马线前经常不礼让行人。这与课题组在其他场合、面向其他群体所做的调查结果是一致的。许多市民和游客指出,杭州的公交车在斑马线前礼让行人做得十分好，留给他们的印象深刻，甚至让他们感动，但许多私家车没有跟进和效仿，这形成了鲜明的反差，而且事实上也带来了新的交通事故风险。在 12 种行为中，外籍人士认为杭州市民"在公共场所不大声喧哗"表现最差。从根本上说，这仍与包括杭州市民在内的广大国人私德甚于公德紧密相关，也就是说，许多中国人（包括杭州市民）认为只要不是在自己家里，大声喧哗无所谓，而不会去太多地考虑对公共空间其他人的影响以及其他人的感受。正因如此，国人的这种顽固的不良习惯即便到了国外，也常常不自觉地表现出来，成为外国人抱怨和投诉中国人国外出游不文明的一个重要方面。对比美国、日本等发达国家公民在公共场所低声说话甚至在公交车上用手机短信交流的行为表现，杭州市民在这方面仍有较大的差距，仍有必要提升这方面的文明素养。

（三）公共交往方面

外籍人士对杭州市民在公共交往方面的文明素养评价，主要包括 7 个方面的具体行为表现，即"低声交谈""乘客之间相互谦让""与他人交流时面带微笑，态度和蔼""与人交往时有礼貌""主动为别人让路""在社区/村内主动为他人提供方便或帮助""给老、弱、病、残、孕及怀抱婴儿者让座"。数据统计显示，外籍人士对杭州市民在公共交往方面的文明素养总体评价为一般略好，总体评价指数为 66.71。除了"低声交谈"这一项外，其他指数均在 60 以上，"与他人交流时面带微笑，态度和蔼"以及"与人交往时有礼貌"这两项的指数甚至等于或超过 70（见图 5）。

杭州市民在"低声交谈"方面的行为表现不佳，与前文所分析的杭州市民"在公共场所不大声喧哗"的指数不高有着基本相同的原因，即说话时不太会考虑周边环境中的其他人。区别只是在于前者不考虑特定的交往对象，而后者则不考虑不特定的其他人。外籍人士对杭州市民在"与他人交流时面带微笑，态度和蔼"以及"与人交往时有礼貌"方面的行为表现评价相对较高，有几位外国朋友尤其高度评价杭州人总是很热心、很负责地为陌生人指路或带路。这些确实符合每位杭州市民的日常经验，与课题组在其

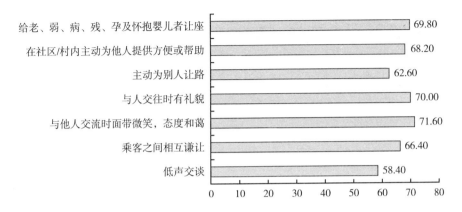

图5　外籍人士对杭州市民在公共交往方面的评价指数

他场合、面向其他群体做调查时得到的反馈也是一致的。之所以如此，课题组分析认为，这主要归因于两个方面：一是由于杭州温和民风的熏陶，多数杭州居民为人谦和、待人和气；二是由于杭州市民的文化程度和受教育水平总体较高，对礼仪教育普遍重视，多数杭州市民待人有礼貌是理所当然的结果。

（四）公共观赏方面

广义的公共观赏除了在电影院、剧院观赏电影或戏剧节目外，还包括在公园观赏花卉、在美术馆观赏美术作品等。本书涉及的公共观赏主要是指市民在电影院或剧场内的公共观赏行为。外籍人士对杭州市民在公共观赏方面的文明素养评价，主要依据其在"按时入场、退场""手机调为静音或振动""安静观赏""适时给予掌声鼓励"4个方面的具体行为表现。数据统计显示，外籍人士对杭州市民在公共观赏方面的文明素养总体评价为一般略好，总体评价指数为68.40。其中，"按时入场、退场"和"适时给予掌声鼓励"的指数超过70，分别为75.00和72.60，其余两项指数皆为60以上（见图6）。

日常经验表明，前往电影院、剧院观赏电影或戏剧的大多数市民具有一定的消费能力，同时也具有一定的文化程度，这就意味着这些人大都能遵守

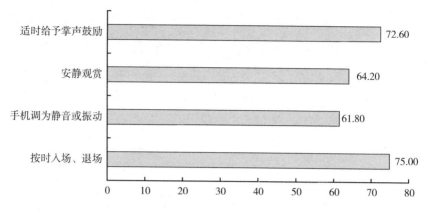

图6 外籍人士对杭州市民在公共观赏方面的评价指数

"按时入场、退场""适时给予掌声鼓励"等基本的公共观赏行为规范,亦即他们在公共观赏方面的行为表现尚可。当然,日常经验同时告诉我们,国人在看电影、看戏、开会、听讲座等时仍有接打手机或交头接耳的举动,在这方面,国人与发达国家的公民在上述场合的行为表现有较大差距。许多到过国外的人对这一表现差异有着深刻的体会。外籍人士对杭州市民在"手机调为静音或振动""安静观赏"方面的评价不高,指数分别为 61.80 和64.20,这正是中国人与外国人在公共观赏方面文明素养存在差距的具体体现。

(五)公益服务方面

公益服务同样包罗甚广,此次调查主要了解外籍人士眼中的杭州市民在"参加献血、捐款等活动""参加社会(社区)公益活动""参加志愿者服务""自发做些公益服务""鼓励身边的人参与公益服务"5 个方面的具体行为表现。数据统计显示,外籍人士对杭州市民在公益服务方面的总体评价指数为66.28,各三级指标指数均为60～70(见图7)。

近年来,由于党委、政府和民间志愿组织的共同努力,不同种类和不同层次的公益服务层出不穷,面向杭州市民的公益服务的载体、项目或平台异常丰富。例如,对于党政机关干部来说,这类公益服务有每年一次的"春风行动"捐款和"送清凉""送温暖"活动,有社区报到并认领志愿服务制

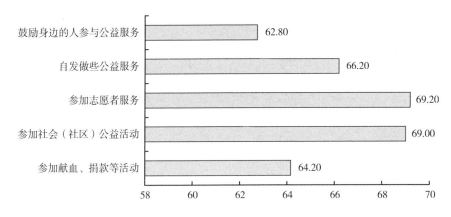

图7　外籍人士对杭州市民在公益服务方面的评价指数

度，有结对帮扶；对于普通市民来说，有"学雷锋为民服务日"和"学雷锋广场服务活动"等各类志愿服务活动让他们表达爱心和发挥作用，有形形色色的志愿者组织带领和组织他们提供公益服务、献出爱心。

杭州之所以成为全国的道德高地，"最美人物"比比皆是，这在很大程度上得益于杭州市民有参与公益服务的思想自觉和行动自觉。反过来说，杭州各地"最美人物"比比皆是，时时爱心涌动，也有力地表明杭州市民在公益服务方面的文明素养值得肯定。当然，从图7还可以看出，"鼓励身边的人参与公益服务"的评价指数相对较低，这说明杭州市民在"度己"、争做"公益人"方面的表现还说得过去，但在"度人"、鼓励别人争做"公益人"方面的表现则略逊。此外，在座谈会上，还有外国朋友根据他们在本国及其他国家的经历指出，在杭州人流量较多的公共场所（如大广场、重要道路），志愿者仍然较少，还需增加。

（六）网络文明方面

在杭州尤其是杭州城镇，几乎所有家庭都拥有电脑和网络。此外，一些居民通过随身携带的手机、借助移动互联网而加入网民大军。互联网虽然是虚拟空间，但这一空间同样具有公共空间的属性，居民在互联网上的言行同样会对其他网民和现实世界产生各种各样的影响。由此，课题组同样将网络文明列入杭州市民公共文明素养调查的范畴。此次调查，外籍人士对杭州市民在网络文明方面的评价，主要涉及"文明用语，不谩骂、攻击他人""不浏览/传播色情、暴力、封建迷信等不良信息""不听信/散布谣言，不传播虚假信息"3 个方面的具体行为表现。数据统计显示，外籍人士对杭州市民在网络文明方面的总体评价指数为 72.27，3 个方面的具体行为文明指数均在 70 以上（见图 8）。这意味着杭州市民在网络虚拟世界的行为表现属于一般偏好水平。

　　近年来，杭州一直没有发生过重大的恶性网络公共事件，也没有关于国家有关部门查处杭州某家网络公司违法犯罪的报道，所有这些都在一定程度上证明了杭州网络世界的公共秩序良好，杭州市民的网络文明素养总体值得肯定。当然，我们也要清醒地认识到，杭州市民在自觉做到不浏览色情信息、不听信谣言等方面仍有较大差距，提升网络文明依然任重道远。同时，对于有关部门来说，加强网络管理，净化网络世界，提升杭州市民网络文明素养，同样任重道远。

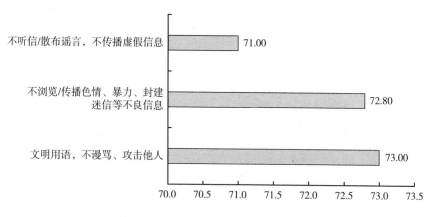

图 8　外籍人士对杭州市民在网络文明方面的评价指数

三　进一步提升杭州市民公共文明的若干建议

　　基于问卷调查过程中和座谈会上外国朋友的反馈与建议，课题组经思考认为，杭州可以从以下几个方面着手，进一步提高全市市民的公共文明水平。

（一）将市民公共文明表现情况纳入居民个人征信系统

课题组认为，这是进一步提升杭州市民公共文明的治本之策。将市民公共文明表现情况与居民个人征信记录对接，将前者纳入后者之中，正是对世界各国尤其是对公共文明建设成效卓著的发达国家的基本规律和成功经验的遵循和借鉴，是对法治思维的具体应用。目前，居民纳税、缴纳社会保险、贷款、欠款、违法犯罪等一些信息已经被纳入居民个人征信系统，将来完全可以将每位居民公共行为文明的表现作为个人诚信记录纳入其中。江苏省于2015年1月发布的《江苏省机动车驾驶人文明交通信用管理办法》就是在这方面的率先实践。该管理办法的要旨是将交通违法行为与个人诚信挂钩，个人的交通不文明行为和违法行为一旦出现并累积到相应程度时，将受到各级文明办、公安、教育、人力资源和社会保障、交通运输、银行、保险公司等相关部门和单位联动实施的惩戒。可以预测，随着公民个人征信系统在全国的覆盖和联网，以及大数据技术的广泛运用，借助个人征信系统和公民诚信记录制度，必将有效地规范和引导包括杭州市民在内的广大国人的公共行为，必将显著地促进包括杭州市民在内的广大国人的公共文明的普遍提升。

（二）将公共行为文明习惯培养纳入中小学教育课程体系

实践一再表明，在人的思想和行为处于空白的青少年时期，对其进行观念的灌输和行为习惯的培养，往往事半功倍。就此而言，将公共行为文明习惯培养纳入中小学教育课程体系，是事关长远的基础性工作。课题组在调查中也了解到，在看红绿灯过马路、不随地扔垃圾、不随地吐痰、不损坏公物、自觉排队等许多公共行为方面都是小孩的表现优于大人尤其是老人，而且经常是小孩教大人。杭州多年来一直在精神文明建设领域开展各类"小手拉大手"活动，并取得了显著成效。所有这些都表明，在青少年时期下功夫，在小孩子身上做文章，必将有效地提升未来杭州全体市民的公共文明。现今而言，尤其要把"垃圾分类投放""不在公共场所抽烟""不随地吐痰"等外国朋友意见强烈的公共行为文明培养作为中小学思想品德课程教育的重点。

（三）以严格执法彰显公共行为规范的严肃性

市民公共文明的提升离不开公共行为规范的引导和保障。从目前来看，除"打喷嚏时，有所遮掩""上下车排队""在公共场所不大声喧哗"等部分公共行为依靠不成文法来约束外，相当多的公共行为是有法律法规来约束的，包括"爱护栏杆、指示牌等公物""过马路时遵守交通规则""不在公共场所抽烟""遛宠物时，主动清理宠物粪便"等。但是，在座谈会上，外国朋友一致认为，包括杭州在内的中国各城市的政府对市民的不合法、不文明公共行为不同程度地存在执法不力、执法不严的问题，要么以罚款代替处罚，要么过于人性化和太热情，搞一个又一个的"下不为例"。这的确指出了包括杭州在内的中国各城市在执行公共行为规范方面的一大症结。美国和新加坡等国家都是严格执法的典范，我们十分羡慕和津津乐道的这些国家公民的行为习惯好、文明素养高，在很大程度上得益于这些国家的严格执法。由此，也就提醒我们，在中国，在杭州，同样既要加强公民在公共行为规范方面的立法，又要加强公共行为规范的严格执法，以严格执法彰显公共行为规范的严肃性，以刚性有力的公共行为规范引领市民的公共行为，促进市民公共文明的提升。

（四）增加和改进公共行为文明配套基础设施和公共行为文明标识

正如人们不会随便在地毯上吐痰这一现象所揭示的，以及杭州公共厕所多和垃圾箱多从而使随地扔垃圾和随地便溺的行为大大减少这一事实所昭示的，公共文明的提升与相关基础设施的建设紧密相关。调查中，几位外国朋友指出，杭州应该像北京和上海一样，在公交站安装更多的铁扶栏，以规范市民上下车时的排队秩序，促进市民排队文明的提升。他们还建议，在校园和居民区等公共场所，可以配备更多的专门用于废旧电子产品回收的垃圾桶。在公共行为文明标识方面,他们有的建议,杭州的公共道路上应设置更多的禁烟标识牌;有的建议,杭州有些交通标志应标识得更规范、更清楚;也有的建议,志愿者所穿的专门服装后背应有主要语言的标识,以便让不同语种的外国人能更方便地找到自己所需的志愿者;还有的建议,杭州的垃圾箱的外表可以写上"请把我投到垃圾箱里去"等语言提示,以更好地提示市民准确和分类投放垃圾;等等。

现场观测报告

2014年杭州市民公共文明指数调查现场观测报告

市民公共文明指数直接反映市民整体的文明素质，是城市文明与和谐程度的具体体现，是衡量一个城市文明程度的重要标尺。为进一步巩固和深化杭州"全国文明城市"创建成果，课题组首次对全市市民的文明素养状况进行了大规模、非参与性的现场观测，并形成了此报告。

一 现场观测基本概况

根据《杭州市民文明素养指数调查实施方案》的要求，课题组于2014年11月26日~12月2日对杭州八城区（上城、下城、江干、拱墅、西湖、滨江、萧山和余杭）共120个观测点的市民在工作日和双休日的早上、中午和傍晚不同时间段的文明素养状况展开了大规模的观测调查，观测点涵盖公园、广场、医院、商场、超市、学校、社区、影院、博物馆、公交站、地铁口、码头、交叉路口、公交线路等公共场所。

本次现场观测,主要包括公共卫生、公共秩序、公共交往和公共观赏四个方面共 26 个指标(见表 1)。为便于数据比较,在各方面指标内涵设计上,除根据现场观测的特点做了必要的修正外,还尽可能地与问卷调查的内容相统一,只是以反向表述为主。

表 1　杭州市民公共文明指数调查现场观测指标

指标	指标内涵	
公共卫生	扔垃圾时没有扔进垃圾箱	在禁烟场所抽烟
	投放垃圾时没有进行分类投放	打喷嚏时没有遮掩
	随地吐痰	遛宠物时不主动清理宠物粪便
公共秩序	在日常购物/票过程中不自觉排队	行人逆向上下台阶
	乱写乱画,攀登或脚踏雕塑和碑碣等公物	行人/非机动车过马路时不遵守交通规则
	乘车时上下车不排队	机动车在斑马线前不礼让行人
	在公共场所大声喧哗	在马路边或小区内违章停车
	随意踩踏草坪和花木	机动车与他人抢道、抢行或插车
公共交往	相互之间大声交谈不顾及他人	在社区/村内不主动为他人提供方便或帮助
	与人交往时没有礼貌	没有给老、弱、病、残、孕及怀抱婴儿者让座
	乘客之间不相互谦让	向陌生人问路时没有礼貌回应
公共观赏	不按时入场、退场	交头接耳,大声喧哗
	手机出现声音(包括短信等提示)	没有照管好小孩而任其到处乱跑或喧哗

二　现场观测的总体情况

(一)杭州八城区的总体情况

通过对杭州八城区所选定的 120 个观测点在不同时间段的现场观测,本次所观测总流量为 1746340 人次,其中不文明现象发生量为 50551 人次,不文明现象总体发生率为 2.89%。

(二)四个方面的总体情况

进一步从四个方面的情况来看,在公共卫生方面,本次观测所得总流量为 362483 人次，其中不文明现象发生量为 9204 人次，不文明现象发生率为 2.54%；在公共秩序方面，本次观测所得总流量为 933893 人次，其中不文明现象发生量为 31063 人次，不文明现象发生率为 3.33%；在公共交往方面，本次观测所得总流量为 449312 人次，其中不文明现象发生量为 10136 人次，不文明现象发生率为 2.26%；在公共观赏方面，本次观测所得总流量为 652 人次，其中不文明现象发生量为 148 人次，不文明现象发生率为 22.70%。

四个方面不文明现象发生率从低到高依次为公共交往、公共卫生、公共秩序、公共观赏（见图 1）。其中，公共交往方面的不文明现象发生率最低，为 2.26%，公共卫生次之，为 2.54%，均低于全市不文明现象总体发生率（2.89%）。公共秩序与公共观赏两个方面的不文明现象发生率均高于总体发生率，公共观赏方面的不文明现象发生率最高，为 22.70%。

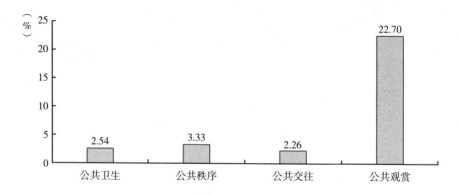

图 1 杭州市四个方面不文明现象发生率比较

（三）各城区的总体情况

上城区所观测总流量为 411161 人次，其中不文明现象发生量为 10668 人次，不文明现象总体发生率为 2.59%。在上城区内四个方面中，公共卫生方面所观测总流量为 91653 人次，其中不文明现象发生量为 657 人次，不文明现象发生率为 0.72%；公共秩序方面所观测总流量为 185935 人次，其中不文明现象发生量为 6492 人次，不文明现象发生率为 3.49%；公共交往方面所观测总流量为 133548 人次，其中不文明现象发生量为 3514 人次，不文明现象发生率为 2.63%；公共观赏方面所观测总流量为 25 人次，其中不文明现象发生量为 5 人次，不文明现象发生率为 20.00%。不文明现象发生率从低到高依次是公共卫生、公共交往、公共秩序、公共观赏，其中公共卫生方面的不文明现象发生率低于全区总体发生率（见图 2）。

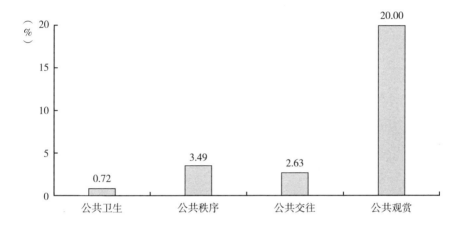

图2 上城区四个方面不文明现象发生率比较

下城区所观测总流量为 222094 人次，其中不文明现象发生量为 5442 人次，不文明现象总体发生率为 2.45%。在下城区内四个方面中，公共卫生方面所观测总流量为 48215 人次，其中不文明现象发生量为 935 人次，不文明现象发生率为 1.94%；公共秩序方面所观测总流量为 108709 人次，其中不文明现象发生量为 3927 人次，不文明现象发生率为 3.61%；公共交往方面所观测总流量为 65122 人次，其中不文明现象发生量为 570 人次，不文明现象发生率为 0.88%；公共观赏方面所观测总流量为 48 人次，其中不文明现象发生量为 10 人次，不文明现象发生率为 20.83%。不文明现象发生率从低到高依次是公共交往、公共卫生、公共秩序、公共观赏，其中前两个方面的不文明现象发生率低于全区总体发生率（见图 3）。

江干区所观测总流量为 169808 人次，其中不文明现象发生量为 2203 人次，不文明现象总体发生率为 1.30%。在江干区内四个方面中，公共卫生

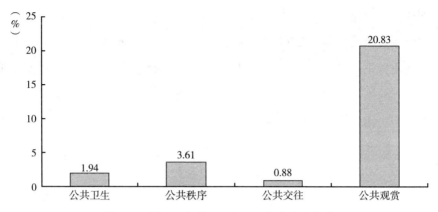

图3　下城区四个方面不文明现象发生率比较

方面所观测总流量为 32452 人次，其中不文明现象发生量为 523 人次，不文明现象发生率为 1.61%；公共秩序方面所观测总流量为 95037 人次，其中不文明现象发生量为 1346 人次，不文明现象发生率为 1.42%；公共交往方面所观测总流量为 42271 人次，其中不文明现象发生量为 323 人次，不文明现象发生率为 0.76%；公共观赏方面所观测总流量为 48 人次，其中不文明现象发生量为 11 人次，不文明现象发生率为 22.92%。不文明现象发生率从低到高依次是公共交往、公共秩序、公共卫生、公共观赏，其中公共交往方面的不文明现象发生率低于全区总体发生率（见图4）。

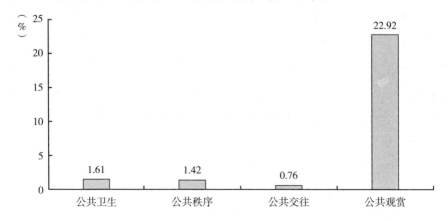

图4　江干区四个方面不文明现象发生率比较

拱墅区所观测总流量为 224112 人次，其中不文明现象发生量为 13064 人次，不文明现象总体发生率为 5.83%。在拱墅区内四个方面中，公共卫生方面所观测总流量为 65498 人次，其中不文明现象发生量为 2518 人次，不文明现象发生率为 3.84%；公共秩序方面所观测总流量为 111125 人次，其中不文明现象发生量为 7523 人次，不文明现象发生率为 6.77%；公共交往方面所观测总流量为 47297 人次，其中不文明现象发生量为 2982 人次，不文明现象发生率为 6.30%；公共观赏方面所观测总流量为 192 人次，其中不文明现象发生量为 41 人次，不文明现象发生率为 21.35%。不文明现象发生率从低到高依次是公共卫生、公共交往、公共秩序、公共观赏，其中公共卫生方面的不文明现象发生率低于全区总体发生率（见图 5）。

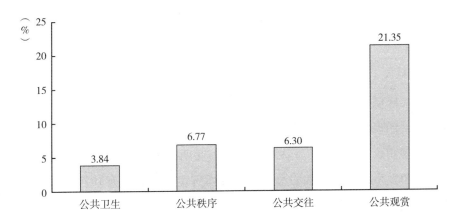

图5 拱墅区四个方面不文明现象发生率比较

西湖区所观测总流量为 292329 人次，其中不文明现象发生量为 5219 人次，不文明现象总体发生率为 1.79%。在西湖区内四个方面中，公共卫生方面所观测总流量为 46856 人次，其中不文明现象发生量为 1396 人次，不文明现象发生率为 2.98%；公共秩序方面所观测总流量为 169419 人次，其中不文明现象发生量为 2994 人次，不文明现象发生率为 1.77%；公共交往方面所观测总流量为 75859 人次，其中不文明现象发生量为 791 人次，不文明现象发生率为 1.04%；公共观赏方面所观测总流量为 195 人次，其中不文明现象发生量为 38 人次，不文明现象发生率为 19.49%。不文明现象发生率从低到高依次是公共交往、公共秩序、公共卫生、公共观赏，其中前两个方面的不文明现象发生率低于全区总体发生率（见图 6）。

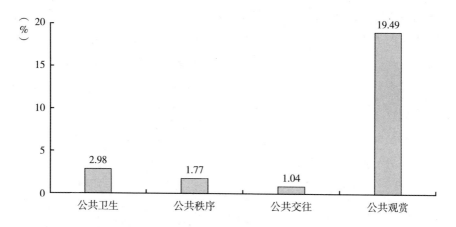

图 6　西湖区四个方面不文明现象发生率比较

滨江区所观测总流量为 145221 人次，其中不文明现象发生量为 4681 人次，不文明现象总体发生率为 3.22%。在滨江区内四个方面中，公共卫生方面所观测总流量为 17674 人次，其中不文明现象发生量为 1066 人次，不文明现象发生率为 6.03%；公共秩序方面所观测总流量为 102822 人次，其中不文明现象发生量为 2741 人次，不文明现象发生率为 2.67%；公共交往方面所观测总流量为 24677 人次，其中不文明现象发生量为 862 人次，不文明现象发生率为 3.49%；公共观赏方面所观测总流量为 48 人次，其中不文明现象发生量为 12 人次，不文明现象发生率为 25.00%。不文明现象发生率从低到高依次是公共秩序、公共交往、公共卫生、公共观赏，其中公共秩序方面的不文明现象发生率低于全区总体发生率（见图 7）。

萧山区所观测总流量为 75190 人次，其中不文明现象发生量为 5385 人次，不文明现象总体发生率为 7.16%。在萧山区内四个方面中，公共卫生方面所观测总流量为 12404 人次，其中不文明现象发生量为 1179 人次，不文明现象发生率为 9.50%；公共秩序方面所观测总流量为 53207 人次，其

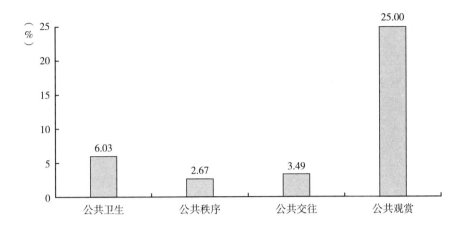

图7 滨江区四个方面不文明现象发生率比较

中不文明现象发生量为3849人次,不文明现象发生率为7.23%;公共交往
方面所观测总流量为9531人次,其中不文明现象发生量为340人次,不文
明现象发生率为3.57%;公共观赏方面所观测总流量为48人次,其中不文
明现象发生量为17人次,不文明现象发生率为35.42%。不文明现象发生
率从低到高依次是公共交往、公共秩序、公共卫生、公共观赏,其中公共交
往方面的不文明现象发生率低于全区总体发生率(见图8)。

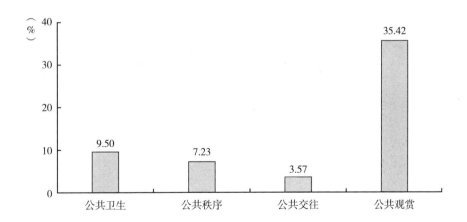

图8 萧山区四个方面不文明现象发生率比较

余杭区所观测总流量为 206425 人次，其中不文明现象发生量为 3889 人次，不文明现象总体发生率为 1.88%。在余杭区内四个方面中，公共卫生方面所观测总流量为 47731 人次，其中不文明现象发生量为 930 人次，不文明现象发生率为 1.95%；公共秩序方面所观测总流量为 107639 人次，其中不文明现象发生量为 2191 人次，不文明现象发生率为 2.04%；公共交往方面所观测总流量为 51007 人次，其中不文明现象发生量为 754 人次，不文明现象发生率为 1.48%；公共观赏方面所观测总流量为 48 人次，其中不文明现象发生量为 14 人次，不文明现象发生率为 29.17%。不文明现象发生率从低到高依次是公共交往、公共卫生、公共秩序、公共观赏，其中公共交往方面的不文明现象发生率低于全区总体发生率（见图 9）。

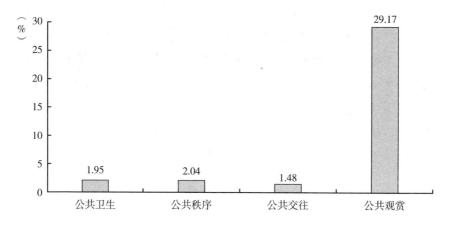

图 9　余杭区四个方面不文明现象发生率比较

三　四个方面各指标数据情况

（一）公共卫生方面

通过对本次观测所设置的公共卫生方面 6 个指标在 07:00 ~ 09:00、10:00 ~ 12:00、13:00 ~ 15:00、16:00 ~ 18:00 四个不同时间段的观测，观测的总流量为 362483 人次，其中不文明现象发生量为 9204 人次，不文明现象总体发生率为2.54%。

从具体指标来看，"扔垃圾时没有扔进垃圾箱"所观测的总流量为9177人次，不文明现象发生量为1715人次，不文明现象发生率为18.69%；"投放垃圾时没有进行分类投放"所观测的总流量为9130人次，不文明现象发生量为3330人次，不文明现象发生率为36.47%；"随地吐痰"所观测的总流量为253211人次，不文明现象发生量为1713人次，不文明现象发生率为0.68%；"在禁烟场所抽烟"所观测的总流量为94728人次，不文明现象发生量为959人次，不文明现象发生率为1.01%；"打喷嚏时没有遮掩"所观测的总流量为4830人次，不文明现象发生量为1347人次，不文明现象发生率为27.89%；"遛宠物时不主动清理宠物粪便"所观测的总流量为537人次，不文明现象发生量为140人次，不文明现象发生率为26.07%。

在6个指标中，"随地吐痰"的发生率最低，其次是"在禁烟场所抽烟"，且这2个指标的发生率都低于总体发生率（2.54%）。其余4个指标的发生率均高于总体发生率，其中"投放垃圾时没有进行分类投放"的发生率最高，达到36.47%；"打喷嚏时没有遮掩"的发生率也较高，达到27.89%（见图10）。

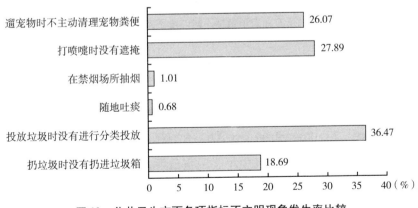

图10 公共卫生方面各项指标不文明现象发生率比较

从时间段来看，07:00~09:00时段所观测的总流量为66177人次，其中不文明现象发生量为2310人次，不文明现象发生率为3.49%；10:00~

12:00 时段所观测的总流量为 98847 人次，其中不文明现象发生量为 2276 人次，不文明现象发生率为 2.30%；13:00 ~ 15:00 时段所观测的总流量为 86220 人次，其中不文明现象发生量为 1985 人次，不文明现象发生率为 2.30%；16:00 ~ 18:00 时段所观测的总流量为 111239 人次，其中不文明现象发生量为 2633 人次，不文明现象发生率为 2.37%。在四个时段中，07:00 ~ 09:00时段的不文明现象发生率最高，为 3.49%；其余三个时段的不文明现象发生率均低于总体发生率，其中 10:00 ~ 12:00 与 13:00 ~ 15:00 时段的不文明现象发生率最低，均为 2.30%（见图 11）。

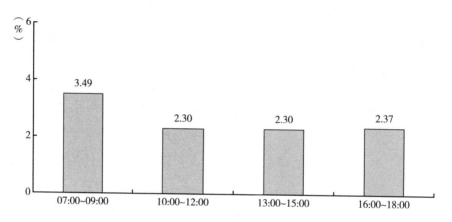

图 11　公共卫生方面各项指标不同时段不文明现象发生率比较

（二）公共秩序方面

通过对本次观测所设置的公共秩序方面 10 个指标在 07:00 ~ 09:00、10:00 ~ 12:00、13:00 ~ 15:00、16:00 ~ 18:00 四个不同时间段的观测，观测的总流量为 933893 人次，其中不文明现象发生量为 31063 人次，不文明现象总体发生率为 3.33%。

从具体指标来看，"日常购物/票过程中不自觉排队"所观测的总流量为 87456 人次，不文明现象发生量为 2289 人次，不文明现象发生率为 2.62%；"乱写乱画，攀登或脚踏雕塑和碑碣等公物"所观测的总流量为

69110人次，不文明现象发生量为407人次，不文明现象发生率为0.59%；"乘车时上下车不排队"所观测的总流量为42973人次，不文明现象发生量为1925人次，不文明现象发生率为4.48%；"在公共场所大声喧哗"所观测的总流量为244157人次，不文明现象发生量为6484人次，不文明现象发生率为2.66%；"随意踩踏草坪和花木"所观测的总流量为70157人次，不文明现象发生量为722人次，不文明现象发生率为1.03%；"行人逆向上下台阶"所观测的总流量为35985人次，不文明现象发生量为5484人次，不文明现象发生率为15.24%；"行人/非机动车过马路时不遵守交通规则"所观测的总流量为106449人次，不文明现象发生量为8025人次，不文明现象发生率为7.54%；"机动车在斑马线前不礼让行人"所观测的总流量为112348人次，不文明现象发生量为2303人次，不文明现象发生率为2.05%；"在马路边或小区内违章停车"所观测的总流量为64306人次，不文明现象发生量为1717人次，不文明现象发生率为2.67%；"机动车与他人抢道、抢行或插车"所观测的总流量为100962人次，不文明现象发生量为1707人次，不文明现象发生率为1.69%。

在10个指标中，有7个指标的不文明现象发生率低于总体发生率（3.40%），3个指标的不文明现象发生率高于总体发生率。其中，"乱写乱画，攀登或脚踏雕塑和碑碣等公物"的发生率最低，为0.59%；"行人逆向上下台阶"的发生率最高，为15.24%；"行人/非机动车过马路时不遵守交通规则"的发生率也达到7.54%（见图12）。

从时间段来看，07:00~09:00时段所观测的总流量为210020人次，其中不文明现象发生量为6218人次，不文明现象发生率为2.96%；10:00~12:00时段所观测的总流量为237313人次，其中不文明现象发生量为7475人次，不文明现象发生率为3.15%；13:00~15:00时段所观测的总流量为197507人次，其中不文明现象发生量为6167人次，不文明现象发生率为3.12%；16:00~18:00时段所观测的总流量为289053人次，其中不文明现象发生量为11203人次，不文明现象发生率为3.88%。在四个时段中，16:00~18:00时段的不文明现象发生率最高，为3.88%，高于总体发生率；其余三

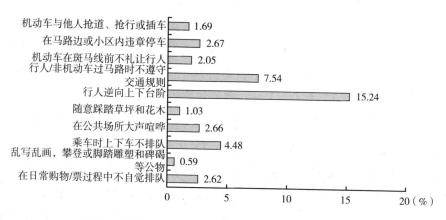

图12 公共秩序方面各项指标不文明现象发生率比较

个时段的不文明现象发生率均低于总体发生率，其中07：00～09：00时段的不文明现象发生率最低，为2.96%（见图13）。

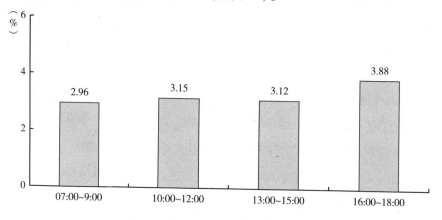

图13 公共秩序方面各项指标不同时段不文明现象发生率比较

（三）公共交往方面

通过对本次观测所设置的公共交往方面6个指标在07：00～09：00、10：00～12：00、13：00～15：00、16：00～18：00四个不同时间段的观测，观测的总流量为449312人次，其中不文明现象发生量为10136人次，不文明现象总体发生率为2.26%。

从具体指标来看，"相互之间大声交谈不顾及他人"所观测的总流量为247388人次，不文明现象发生量为6320人次，不文明现象发生率为2.55%；"与人交往时没有礼貌"所观测的总流量为121219人次，不文明现象发生量为2266人次，不文明现象发生率为1.87%；"乘客之间不相互谦让"所观测的总流量为6526人次，不文明现象发生量为186人次，不文明现象发生率为2.85%；"在社区/村内不主动为他人提供方便或帮助"所观测的总流量为67119人次，不文明现象发生量为970人次，不文明现象发生率为1.45%；"没有给老、弱、病、残、孕及怀抱婴儿者让座"所观测的总流量为5041人次，不文明现象发生量为303人次，不文明现象发生率为6.01%；"向陌生人问路时没有礼貌回应"所观测的总流量为2019人次，不文明现象发生量为91人次，不文明现象发生率为4.51%。

在6个指标中，有2个指标的不文明现象发生率低于总体发生率（2.26%），4个指标的不文明现象发生率高于总体发生率。其中，"没有给老、弱、病、残、孕及怀抱婴儿者让座"的发生率最高，为6.01%；其次是"向陌生人问路时没有礼貌回应"，发生率为4.51%；"在社区/村内不主动为他人提供方便或帮助"的发生率最低，为1.45%（见图14）。

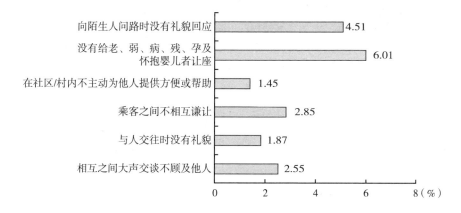

图14 公共交往方面各项指标不文明现象发生率比较

从时间段来看，07：00～09：00 时段所观测的总流量为 83766 人次，其中不文明现象发生量为 1518 人次，不文明现象发生率为 1.81%；10：00～12：00 时段所观测的总流量为 134995 人次，其中不文明现象发生量为 2976 人次，不文明现象发生率为 2.20%；13：00～15：00 时段所观测的总流量为 99256 人次，其中不文明现象发生量为 2054 人次，不文明现象发生率为 2.07%；16：00～18：00 时段所观测的总流量为 131295 人次，其中不文明现象发生量为 3588 人次，不文明现象发生率为 2.73%。在四个时段中，16：00～18：00 时段的不文明现象发生率最高，为 2.73%；07：00～09：00 时段的不文明现象发生率最低，为 1.81%（见图 15）。

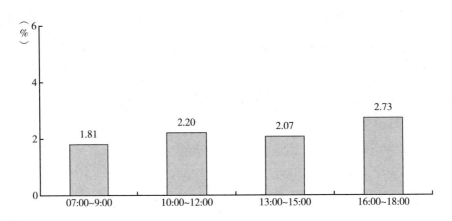

图 15 公共交往方面各项指标不同时段不文明现象发生率比较

（四）公共观赏方面

通过对本次观测所设置的公共观赏方面 4 个指标在 07：00～09：00、10：00～12：00、13：00～15：00、16：00～18：00 四个不同时间段的观测（此次观测地点均为杭城各区的电影院，每个区观看电影至少 1 场次，八城区共观测了 10 场次电影），观测的总流量为 652 人次，其中不文明现象发生量为 148 人次，不文明现象总体发生率为 22.70%。

从具体指标来看，在观测的总流量 652 人次中，"不按时入场、退场"

发生量为 39 人次，不文明现象发生率为 5.98%；"手机出现声音（包括短信等提示）"发生量为 37 人次，不文明现象发生率为 5.67%；"交头接耳，大声喧哗"发生量为 46 人次，不文明现象发生率为 7.06%；"没有照管好小孩而任其到处乱跑或喧哗"发生量为 26 人次，不文明现象发生率为 3.99%。

在 4 个指标中，"交头接耳，大声喧哗"这一指标的不文明现象发生率最高，为 7.06%；"没有照管好小孩而任其到处乱跑或喧哗"这一指标的不文明现象发生率最低，为 3.99%（见图 16）。

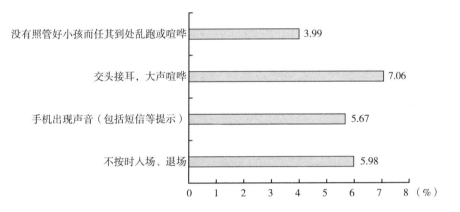

图16　公共观赏方面各项指标不文明现象发生率比较

从时间段来看，07：00～09：00 时段所观测的总流量为 45 人次，其中不文明现象发生量为 8 人次，不文明现象发生率为 17.78%；10：00～12：00 时段所观测的总流量为 48 人次，其中不文明现象发生量为 17 人次，不文明现象发生率为 35.42%；13：00～15：00 时段所观测的总流量为 194 人次，其中不文明现象发生量为 46 人次，不文明现象发生率为 23.71%；16：00～18：00时段所观测的总流量为 365 人次，其中不文明现象发生量为 77 人次，不文明现象发生率为 21.10%。在四个时段中，10：00～12：00 时段的不文明现象发生率最高，为 35.42%；07：00～09：00 时段的不文明现象发生率最低，为 17.78%。进一步对比，可发现早、晚两个时段的不文明现象发生率要低于中间两个时段的不文明现象发生率（见图 17）。

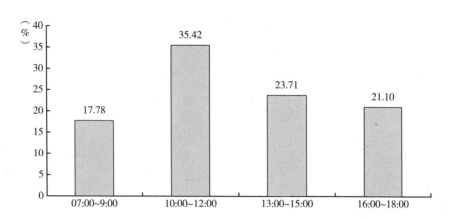

图 17　公共观赏方面各项指标不同时段不文明现象发生率比较

四　基本判断

（一）倡导性的文明行为方面还需加强

从四个方面的情况来看，全市公共交往与公共卫生方面的不文明现象发生率（分别为 2.26% 和 2.54%）均低于总体发生率（2.89%），公共观赏方面的不文明现象发生率最高（22.70%）。具体到各方面的指标，在公共卫生方面，"随地吐痰"的发生率最低，为 0.68%；"投放垃圾时没有进行分类投放"的发生率最高，达到 36.47%，这说明很多市民还没有将垃圾分类落实到行动中去，仍需大力倡导和法规约束。在公共秩序方面，"乱写乱画，攀登或脚踏雕塑和碑碣等公物"的发生率最低，为 0.59%；"行人逆向上下台阶"的发生率最高，为 15.24%。从 2014 年底上海外滩踩踏事件中可以发现，"行人逆向上下台阶"是公共安全的重大隐患，需要市民引起高度重视，在实际生活中应当加强教育、引导并遵守该项规范。在公共交往方面，"在社区/村内不主动为他人提供方便或帮助"的发生率最低，为 1.45%；"没有给老、弱、病、残、孕及怀抱婴儿者让座"的发生率最高，为 6.01%；"向陌生人问路时没有礼貌回应"的发生率排在第 2 位，为 4.51%。这说明倡导性的文明行为方面还需加强。在公共观赏方面，观看电影时"交头接耳，大声喧哗"的发生率最高，达到 7.06%，这表明市民在公共观赏领域文明习惯的改善需要给予恰当有效地提示和引导。

（二）不文明现象发生率与市民的生活节奏、情绪压力等有关联

从现场观测时间段来看，公共卫生方面的不文明现象发生率早上时段较高，而公共秩序和公共交往方面的不文明现象发生率则在傍晚时段较高，公共观赏方面的不文明现象发生率在中午时段较高。不文明现象发生率在时间段方面表现出来的差异可能与市民在早中晚各时段的生活节奏、体力精力、情绪压力等不同有一定的关联。

（三）不文明现象发生率前五位与后十位

从四个方面共 26 个指标的情况来看，不文明现象发生率排在前五位的指标是：

①投放垃圾时没有进行分类投放（公共卫生，36.47%）

②打喷嚏时没有遮掩（公共卫生，27.89%）

③遛宠物时不主动清理宠物粪便（公共卫生，26.07%）

④扔垃圾时没有扔进垃圾箱（公共卫生，18.69%）

⑤行人逆向上下台阶（公共秩序，15.24%）

不文明现象发生率排在后十位的指标是：

①在日常购物/票过程中不自觉排队（公共秩序，2.62%）

②相互之间大声交谈不顾及他人（公共交往，2.55%）

③机动车在斑马线前不礼让行人（公共秩序，2.05%）

④与人交往时没有礼貌（公共交往，1.87%）

⑤机动车与他人抢道、抢行或插车（公共秩序，1.69%）

⑥在社区/村内不主动为他人提供方便或帮助（公共交往，1.45%）

⑦随意踩踏草坪和花木（公共秩序，1.03%）

⑧在禁烟场所抽烟（公共卫生，1.01%）

⑨随地吐痰（公共卫生，0.68%）

⑩乱写乱画，攀登或脚踏雕塑和碑碣等公物（公共秩序，0.59%）

在这 10 个指标中，属于公共秩序方面的有 5 个，属于公共交往方面的有 3 个，属于公共卫生方面的有 2 个。这说明杭州市近年来在加强公共秩序特别是机动车辆管理、创导和谐关系（如举办邻里节、"春风行动"等）和公共卫生中的禁烟与不随地吐痰方面取得了明显成效。

（四）市民的公共观赏文明还需要加强宣传教育和引导

从各城区的总体情况来看，在 8 个城区中，四个方面不文明现象发生率的分布也有一定的共性，如公共观赏方面的不文明现象发生率在每个区都是最高的（这可能与观测总流量相对不高有一定关联），而公共交往方面的不文明现象发生率最低的有 5 个区，公共卫生方面的不文明现象发生率最低的有 2 个区，公共秩序方面的不文明现象发生率最低的有 1 个区。这说明各区在开展市民文明行为宣传与创导及市民整体文明素养的提升上都取得了较好成效，当然在加强市民在公共观赏方面的文明行为上还需要花大力气开展宣传教育和引导。

五　结论与建议

（一）总体感受

通过一个星期的现场观测发现，作为著名的旅游城市、历史文化名城和

"全国文明城市"的杭州，在本次市民公共文明指数调查现场观测中给人的总体感觉是市民的文明素养还是相当不错的，从所观测的公共卫生、公共秩序、公共交往和公共观赏四个方面共26个指标1746340人次的总流量中，不文明现象发生量为50551人次，不文明现象发生率仅为2.89%，这充分表明无论是长期生活在这里的居民，还是短期到访的游人，置身于这样一个充满激情与活力的最具幸福感的花园城市，其文明素养在潜移默化与良好的环境熏陶中得到了提升，这也是近年来杭州市群众性精神文明创建工作取得的最实在的成效。

相较于公交车、出租车在斑马线前礼让行人成为杭州市一张亮丽的名片，以及不断涌现的一系列"最美人物"由"盆景"变为"风景"，人们在垃圾分类投放、打喷嚏时遮掩、遛宠物时主动清理宠物粪便、将垃圾扔进垃圾箱、按顺序上下台阶等方面还需要多做努力。

（二）建议与对策

究其原因，我们认为，产生这些不文明现象最根本的原因还是人们的日常生活习惯，要改变人们的这些不良生活习惯，有以下建议。

一是要花大力气做好宣传教育工作。要将这些日常文明行为规范纳入中小学乃至幼儿园的教育体系中，从孩子抓起，培养良好的生活习惯与行为规范。要通过广播、电视、报纸、网络以及各种形式的宣传，特别是通过正反典型人物与事例的宣传（如西安小孩在苏堤丢垃圾事件），倡导和引导人们逐步养成良好的生活习惯，克服和改变不好的生活习惯与理念。

二是要不断完善法规并严格执法。除了培养人们良好的生活习惯与文明自觉外，还应当完善相关的法律法规，如杭州市出台的《杭州市公共场所控制吸烟条例》《杭州市生活垃圾分类与减量条例（草案）》等，都是非常好的制度，对倡导和引导人们自觉遵守日常行为规范起到了极大的促进作用。当然，根据制度规定，也应当严格执法、规范执法，并将市民的公共行为表现情况纳入个人征信系统，加大对违反制度者的处罚力度，通过制度来保证和引导人们自觉遵守日常行为规范，进而达到提高市民文明素养和全市整体文明水平的目的。

三是要进一步改善公共基础设施。例如，在公共场所投放的垃圾箱设置有分类投放的功能，过马路都有红绿灯引导，公交车站有明晰的信息提示并能准时发车，社区和公园等公共场所内的小径和景观设计符合人体工效学原理，等等，这些对引导人们遵守日常行为规范、提升文明素养都会起到良好的促进作用。

总之，通过改变习惯与观念、完善制度与公共基础设施，以及辅之以必需的人性化管理等，引导人们从自身做起，从身边的日常小事做起，逐步养成良好的行为习惯，并不断增强人们的文明意识，进而提升整个杭州市民的文明素质与城市品质，为实现杭州在高起点上的新发展提供更加健康、更加文明的人文基础。

2014 年杭州市民公共文明指数调查
现场观测报告（上城区）

根据《杭州市民文明素养指数调查实施方案》的要求，课题组于 2014 年 11 月 29 日~12 月 1 日对全区 15 个观测点的市民在早上、中午、傍晚和双休日不同时间段的文明素养状况展开了观测调查，现就观测情况形成如下报告。

一　上城区现场观测总体情况

上城区选取的 15 个现场观测点是清波街道定安路社区、胡庆余堂博物馆、吴山广场、清河坊历史文化街、地铁龙翔桥站、杭州市第一人民医院、杭州解百新世纪大厦、平海路与浣纱路交叉路口、惠民路公交站、世纪联华中河店、杭州市勇进中学、定安路与惠民路交叉路口以及区内 2 条公交线路和 1 家电影院。

从图 1 可以看出，上城区在四个时间段所观测总流量都比较大，原因是上城区地处杭州市的中心区域，观测点又遍及清河坊、吴山景区、龙翔桥地铁站、平海路等著名景点和繁华路口。上城区所观测的总流量为411161人次，其中不文明现象发生量为10668人次，不文明现象总体发生率为2.59%。10:00~12:00时段的不文明现象发生率最高，为3.40%，高于全区不文明现象总体发生率；13:00~15:00时段的不文明现象发生率最低，为2.07%。

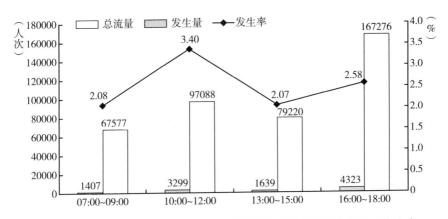

图1 上城区各时段所观测总流量、不文明现象发生量与不文明现象发生率

上城区在四个方面中，公共卫生方面的不文明现象发生率最低，有99.28%的居民能遵守公共场所的卫生习惯；公共观赏方面的不文明现象发生率最高，为20.00%。这说明上城区居民在公共观赏方面的文明行为习惯有待改进（见图2）。

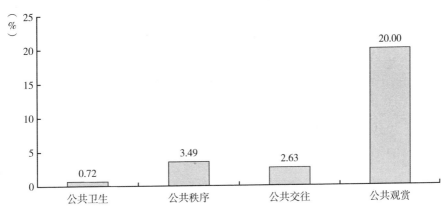

图2 上城区四个方面不文明现象发生率

二 四个方面各项指标情况

（一）公共卫生方面

在公共卫生方面的 6 个指标中，上城区不文明现象发生率由高到低依次是"投放垃圾时没有进行分类投放"（38.02%）、"打喷嚏时没有遮掩"（37.05%）、"遛宠物时不主动清理宠物粪便"（35.29%）和"扔垃圾时没有扔进垃圾箱"（13.88%），而不文明现象发生率最低的是"随地吐痰"（0.10%）和"在禁烟场所抽烟"（0.57%），这 2 个指标的不文明现象发生率低于全区公共卫生方面的不文明现象总体发生率（见图 3）。

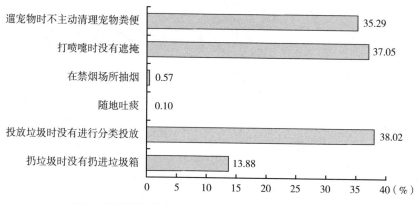

图 3 上城区公共卫生方面各项指标不文明现象发生率

从时间段来看，上城区居民在 10:00～12:00 时段的不文明现象发生率最高，为 0.92%；其余三个时段的情况相似，不文明现象发生率从高到低依次是 16:00～18:00 时段为 0.72%，13:00～15:00 时段为 0.62%，07:00～09:00 时段为 0.60%（见图 4）。

（二）公共秩序方面

在公共秩序方面的 10 个指标中，上城区居民在"行人逆向上下台阶"

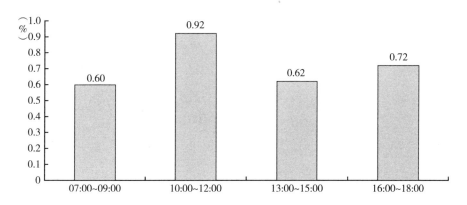

图4 上城区公共卫生方面各时段不文明现象发生率

（12.08%）、"在马路边或小区内违章停车"（8.56%）和"行人/非机动车过马路时不遵守交通规则（6.94%）"这3个指标的不文明现象发生率最高，其次是"在公共场所大声喧哗"（4.50%）、"在日常购物/票过程中不自觉排队"（4.38%）、"乘车时上下车不排队"（1.46%）、"机动车与他人抢道、抢行或插车"（1.34%）和"机动车在斑马线前不礼让行人"（1.26%）。"乱写乱画，攀登或脚踏雕塑和碑碣等公物"（0.44%）和"随意踩踏草坪和花木"（0.54%）这2个指标的不文明现象发生率最低，99%以上的居民能自觉遵守公共秩序方面的文明行为规范（见图5）。

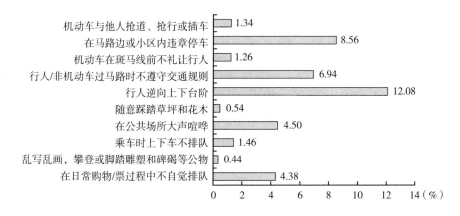

图5 上城区公共秩序方面各项指标不文明现象发生率

从时间段来看，各时段总流量为 185935 人次，不文明现象发生量为 6492 人次，不文明现象发生率为 3.49%。其中，10:00～12:00 时段的不文明现象发生率最高（3.89%），其次是 16:00～18:00 时段（3.67%），这两个时段的不文明现象发生率都高于全区公共秩序方面的不文明现象总体发生率。其余时段的不文明现象发生率依次是 07:00～09:00 时段为 3.23%，13:00～15:00 时段为 2.73%。可见，上城区居民在 10:00～12:00 时段的不文明现象发生率最高，13:00～15:00 时段的不文明现象发生率最低（见图 6）。

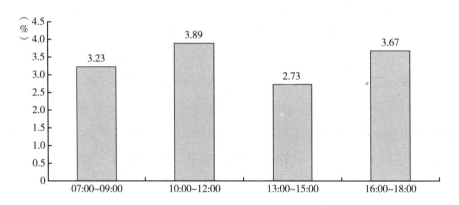

图 6　上城区公共秩序方面各时段不文明现象发生率

（三）公共交往方面

在公共交往方面的 6 个指标中，上城区所观测总流量为 133548 人次，其中不文明现象发生量为 3514 人次，不文明现象发生率为 2.63%。图 7 显示，"没有给老、弱、病、残、孕及怀抱婴儿者让座"的不文明现象发生率最高（4.07%），其次是"向陌生人问路时没有礼貌回应"（4.05%）、"乘客之间没有相互谦让"（3.19%）和"相互之间大声交谈不顾及他人"（3.07%），这 4 个指标的不文明现象发生率都高于全区公共秩序方面的不文明现象总体发生率。其他各项指标的不文明现象发生率分别是"与人交往时没有礼貌"（2.36%）、"在社区/村内没有主动为他人提供方便或帮助"（1.49%）。

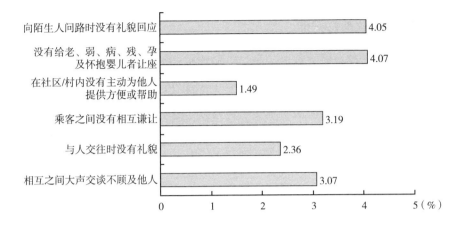

图7 上城区公共交往方面各项指标不文明现象发生率

从时间段来看, 07:00~09:00 时段所观测的总流量为25406人次, 其中不文明现象发生量为409人次, 不文明现象发生率为1.61%; 10:00~12:00 时段所观测的总流量为31580人次, 其中不文明现象发生量为1244人次, 不文明现象发生率为3.94%; 13:00~15:00 时段所观测的总流量为26458人次, 其中不文明现象发生量为604人次, 不文明现象发生率为2.28%; 16:00~18:00时段所观测的总流量为50104人次, 其中不文明现象发生量为1257人次, 不文明现象发生率为2.51%。对比发现, 上城区居民在10:00~12:00这一时段的不文明现象发生率最高, 高于全区公共交往方面的不文明现象总体发生率(见图8)。

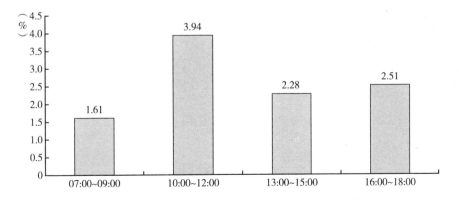

图8 上城区公共交往方面各时段不文明现象发生率

（四）公共观赏方面

在公共观赏方面的 4 个指标中，上城区所观测总流量为 25 人次，不文明现象发生量为 5 人次，不文明现象发生率为 20.00%。其中，"不按时入场、退场"发生量为 2 人次，不文明现象发生率为 8.00%；"手机出现声音（包括短信等提示）"发生量为 0；"交头接耳，大声喧哗"发生量为 2 人次，不文明现象发生率为 8.00%；"没有照管好小孩而任其到处乱跑或喧哗"发生量为 1 人次，不文明现象发生率为 4.00%。可见，"交头接耳，大声喧哗"和"不按时入场、退场"这 2 个指标的不文明现象发生率最高，"手机出现声音（包括短信等提示）"的不文明现象发生率最低（见图 9）。

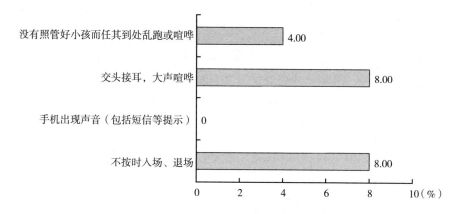

图 9　上城区公共观赏方面各项指标不文明现象发生率

从时间段来看，上城区观测时间选择在 13：00～15：00 时段，所以 07：00～09：00、10：00～12：00、16：00～18：00 三个时段的数据空缺。在 13：00～15：00时段观测到的总流量为 25 人次，其中不文明现象发生量为 5 人次，不文明现象发生率为 20.00%（见图 10）。

三　基本判断

从四个方面的情况来看，上城区公共卫生方面的不文明现象发生率最低

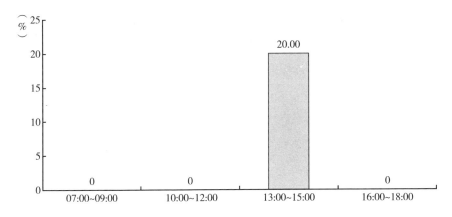

图10 上城区公共观赏方面各时段不文明现象发生率

（0.72%），低于全区不文明现象总体发生率（2.59%），公共观赏方面的不文明现象发生率最高（20.00%）。具体到每一个指标，在公共卫生方面，"随地吐痰"的不文明现象发生率最低（0.10%），"投放垃圾时没有进行分类投放"的不文明现象发生率最高（38.02%），这说明上城区居民在垃圾分类方面的意识需要增强。在公共秩序方面，"乱写乱画，攀登或脚踏雕塑和碑碣等公物"的不文明现象发生率最低（0.44%），"行人逆向上下台阶"的不文明现象发生率最高（12.08%），这说明上城区居民在遵守公共秩序方面不仅需要增强规则意识，而且需要在行动上得到落实，特别是要从一些具体的小事做起，才能真正体现社会秩序的文明程度。在公共交往方面，"在社区/村内没有主动为他人提供方便或帮助"的不文明现象发生率最低（1.49%），"没有给老、弱、病、残、孕及怀抱婴儿者让座"和"向陌生人问路时没有礼貌回应"这2个指标的不文明现象发生率最高（分别为4.07%和4.05%），但这并不能完全说明上城区居民的文明素养水平就低，有可能没有让座的需要或者其他情况。在公共观赏方面，"手机出现声音（包括短信等提示）"这一不文明现象在现场没有观测到，而"交头接耳，大声喧哗"和"不按时入场、退场"的不文明现象发生率最高（均为8.00%），这说明上城区居民在观影时的文明习惯有待养成。

从现场观测时间段来看，上城区居民在公共卫生、公共秩序和公共交往三个方面的不文明现象发生率均在 10：00～12：00 时段最高，公共观赏方面的不文明现象发生率在 13：00～15：00 时段最高，这主要受观影时间的影响。

从四个方面共 26 个指标来看，上城区居民的不文明现象发生率排在前五位的是：

①投放垃圾时没有进行分类投放（公共卫生，38.02%）

②打喷嚏时没有遮掩（公共卫生，37.05%）

③遛宠物时不主动清理宠物粪便（公共卫生，35.29%）

④扔垃圾时没有扔进垃圾箱（公共卫生，13.88%）

⑤行人逆向上下台阶（公共秩序，12.08%）

不文明现象发生率排在后十位的是：

①手机出现声音（包括短信等提示）（公共观赏，没有观测到）

②随地吐痰（公共卫生，0.10%）

③乱写乱画，攀登或脚踏雕塑和碑碣等公物（公共秩序，0.44%）

④随意踩踏草坪和花木（公共秩序，0.54%）

⑤在禁烟场所抽烟（公共卫生，0.57%）

⑥机动车在斑马线前不礼让行人（公共秩序，1.26%）

⑦机动车与他人抢道、抢行或插车（公共秩序，1.34）

⑧乘车时上下车不排队（公共秩序，1.46%）

⑨在社区/村内没有主动为他人提供方便或帮助（公共交往，1.49%）

⑩与人交往时没有礼貌（公共交往，2.36%）

在这 10 个指标中，属于公共秩序方面的，有 5 个；属于公共交往和公共卫生方面的，各有 2 个；属于公共观赏方面的，有 1 个。这说明上城区在公共秩序方面尤其是对机动车的管理取得了明显成效。

2014 年杭州市民公共文明指数调查
现场观测报告（下城区）

根据《杭州市民文明素养指数调查实施方案》的要求，课题组于 2014 年 11 月 27~29 日对全区 15 个观测点的市民在早上、中午、傍晚和双休日不同时间段的文明素养状况展开了观测调查，现就观测情况形成如下报告。

一　下城区现场观测总体情况

下城区选取的 15 个现场观测点是武林门码头、西湖文化广场、朝晖文化公园、城北体育公园、庆春路与东坡路交叉路口、浙江省儿童医院（南门）、世纪联华庆春店、长庆街道王马社区、地铁凤起路站、杭州高级中学、银泰百货（武林店）、武林门小广场站以及区内 2 条公交线路和 1 家电影院。

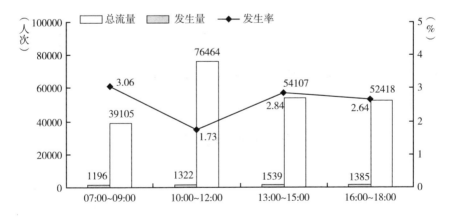

图 1　下城区各时段所观测总流量、不文明现象发生量与不文明现象发生率

从图 1 可以看出，下城区在四个时间段所观测总流量比较大，为 222094 人次，其中不文明现象发生量为 5442 人次，不文明现象总体发生率

为 2.45% 。有三个时段的不文明现象发生率较高，分别为 07∶00～09∶00 时段（3.06%）、13∶00～15∶00 时段（2.84%）和 16∶00～18∶00 时段（2.64%），均高于全区不文明现象总体发生率；不文明现象发生率最低的是 10∶00～12∶00 时段，为 1.73%。

下城区在四个方面中，不文明现象发生率由高到低依次为公共观赏、公共秩序、公共卫生和公共交往。其中，公共观赏方面的不文明现象发生率最高（20.83%），其次是公共秩序方面（3.61%），这两个方面的不文明现象发生率均高于全区不文明现象总体发生率。公共交往方面的不文明现象发生率最低，为 0.88% （见图 2）。

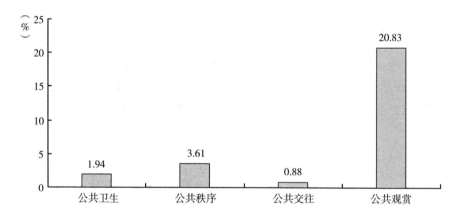

图 2 下城区四个方面不文明现象发生率

二 四个方面各项指标情况

（一）公共卫生方面

在公共卫生方面的 6 个指标中，下城区所观测的总流量为 48215 人次，其中不文明现象发生量为 935 人次，不文明现象发生率为 1.94%。从各项指标来看，下城区居民不文明现象发生率最高的是"打喷嚏时没有遮掩"（42.65%），其次是"扔垃圾时没有扔进垃圾箱"（28.71%）、"遛宠物时不主动清理宠物粪便"（24.05%）、"投放垃圾时没有进行分类投放"
（22.71%），这4个指标的不文明现象发生率都高于全区公共卫生方面的不
文明现象总体发生率。而"在禁烟场所抽烟"（0.38%）和"随地吐痰"
（0.69%）这2个指标的不文明现象发生率较低，低于全区公共卫生方面的
不文明现象总体发生率（见图3）。

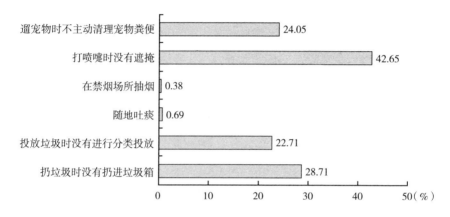

图3 下城区公共卫生方面各项指标不文明现象发生率

从时间段来看，下城区居民在07:00～09:00时段的不文明现象发生率
最高，为2.79%；其余时段的不文明现象发生率分别是16:00～18:00时段
为2.13%，13:00～15:00时段为2.02%；不文明现象发生率最低的时段是
10:00～12:00，为1.33%（见图4）。

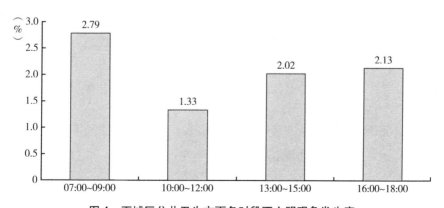

图4 下城区公共卫生方面各时段不文明现象发生率

（二）公共秩序方面

在公共秩序方面的 10 个指标中，下城区所观测的总流量为 108709 人次，其中不文明现象发生量为 3927 人次，不文明现象发生率为 3.61%。从各项指标来看，"乘车时上下车不排队"（26.00%）和"行人逆向上下台阶"（24.68%）这 2 个指标的不文明现象发生率最高，其次是"行人/非机动车过马路时不遵守交通规则"（6.44%）、"在马路边或小区内违章停车"（4.56%）、"机动车在斑马线前不礼让行人"（4.16%），这 5 个指标的不文明现象发生率都高于全区公共秩序方面的不文明现象总体发生率。而"在日常购物/票过程中不自觉排队"（0.57%）、"在公共场所大声喧哗"（0.83%）、"机动车与他人抢道、抢行或插车"（0.92%）、"乱写乱画，攀登或脚踏雕塑和碑碣等公物"（0.92%）、"随意踩踏草坪和花木"（0.92%）这 5 个指标的不文明现象发生率较低，均在 1.00% 以下（见图 5）。

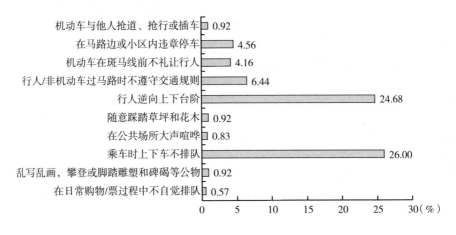

图 5　下城区公共秩序方面各项指标不文明现象发生率

从时间段来看，下城区居民在三个时段的不文明现象发生率高于全区总体不文明现象发生率，其中 07:00~09:00 和 13:00~15:00 这两个时段均为 4.33%，16:00~18:00 时段为 3.85%；而 10:00~12:00 时段的不文明现象发生率最低，为 2.54%（见图 6）。可见，下城区居民在早、晚两个时段的不文明现象发生率都很高，这与该区地处杭州最繁华的中央商业区有关，早、晚高峰期人和车的流量都很大。

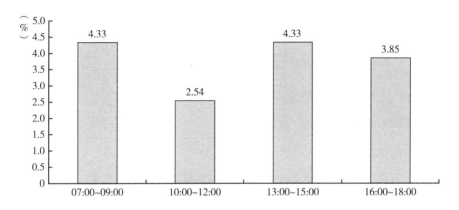

图6 下城区公共秩序方面各时段不文明现象发生率

（三）公共交往方面

在公共交往方面的6个指标中，下城区所观测总流量为65122人次，其中不文明现象发生量为570人次，不文明现象发生率为0.88%。图7显示，"没有给老、弱、病、残、孕及怀抱婴儿者让座"（5.04%）和"向陌生人问路时没有礼貌回应"（3.81%）这2个指标的不文明现象发生率最高。但没有让座的原因是多方面的，"没有给老、弱、病、残、孕及怀抱婴儿者让座"这个指标的不文明现象发生率高并不能完全说明下城区居民在公共交往方面的文明素养就低。

从时间段来看，下城区居民在四个时段的不文明现象发生率相近。其中，13:00～15:00时段的不文明现象发生率最高（0.96%），其次是16:00～18:00时段（0.93%）、07:00～09:00时段（0.91%），这三个时段的不文明现象发生率都高于全区公共交往方面的不文明现象总体发生率（见图8）。

（四）公共观赏方面

在公共观赏方面的4个指标中，下城区所观测总流量为48人次，其中

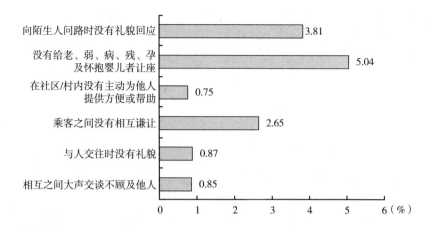

图 7　下城区公共交往方面各项指标不文明现象发生率

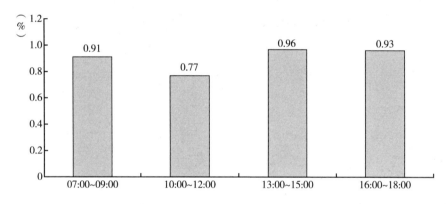

图 8　下城区公共交往方面各时段不文明现象发生率

不文明现象发生量为 10 人次，不文明现象发生率为 20.83%。其中，"不按时入场、退场"发生量为 5 人次，不文明现象发生率为 10.42%；"手机出现声音（包括短信等提示）"发生量为 3 人次，不文明现象发生率为6.25%；"交头接耳，大声喧哗"发生量为 2 人次，不文明现象发生率为4.17%；"没有照管好小孩而任其到处乱跑或喧哗"这一不文明现象没有观测到。由图 9 可以看出，"不按时入场、退场""手机出现声音（包括短信等提示）""交头接耳大声喧哗"这 3 个指标的不文明现象发生率较高。

　　从时间段来看，下城区的观影时间选择在 13:00～15:00 时段，所以在

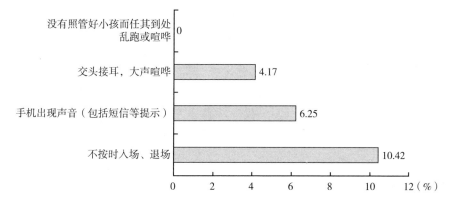

图9 下城区公共观赏方面各项指标不文明现象发生率

$07:00 \sim 09:00$、$10:00 \sim 12:00$、$16:00 \sim 18:00$ 这三个时段的数据空缺。在 $13:00 \sim 15:00$ 时段观测到的总流量为48人次，其中不文明现象发生量为10人次，不文明现象发生率为20.83%（见图10）。

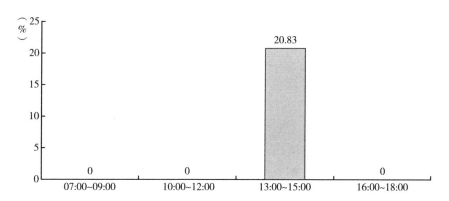

图10 下城区公共观赏方面各时段不文明现象发生率

三 基本判断

从四个方面的情况来看，下城区公共交往方面的不文明现象发生率最低（0.88%），其次是公共卫生方面（1.94%），这两个方面的不文明现象发生率均低于全区不文明现象总体发生率（2.45%），而公共观赏方面的不文明

117

现象发生率最高（20.83%）。具体到每一个指标，在公共卫生方面，"在禁烟场所抽烟"（0.38%）和"随地吐痰"（0.69%）这 2 个指标的不文明现象发生率最低，均低于全区公共卫生方面的不文明现象总体发生率，而"打喷嚏时没有遮掩"的不文明现象发生率最高（42.65%）。在公共秩序方面，"在日常购物/票过程中不自觉排队"的不文明现象发生率最低（0.57%），"乘车时上下车不排队"（26.00%）和"行人逆向上下台阶"（24.68%）这 2 个指标的不文明现象发生率最高，这说明下城区居民的公共规则意识有待增强。在公共交往方面，"在社区/村内没有主动为他人提供方便或帮助"（0.75%）、"相互之间大声交谈不顾及他人"（0.85%）、"与人交往时没有礼貌"（0.87%）这 3 个指标的不文明现象发生率最低；"没有给老、弱、病、残、孕及怀抱婴儿者让座"（5.04%）和"向陌生人问路时没有礼貌回应"（3.81%）这 2 个指标的不文明现象发生率最高。在公共观赏方面，"不按时入场、退场"的不文明现象发生率最高（10.42%），而"没有照管好小孩而任其到处乱跑或喧哗"这一不文明现象没有观测到，这与观影时间、电影场次和内容有关。

从现场观测时间段来看，下城区居民在公共卫生方面的不文明现象发生率在 07：00～09：00 时段最高，公共秩序方面的不文明现象发生率在 07：00～09：00 和 13：00～15：00 时段最高，公共交往和公共观赏方面的不文明现象发生率在 13：00～15：00 时段最高（与观影时间有关）。可见，下城区居民在四个时段的不文明现象发生率比较均衡，这是因为下城区是杭州的中心区域，人和车的流量在各个时段都比较大，不存在忙闲之分。

从四个方面共 26 个指标来看，下城区居民的不文明现象发生率排在前五位的是：

①打喷嚏时没有遮掩（公共卫生，42.65%）

②扔垃圾时没有扔进垃圾箱（公共卫生，28.71%）

③乘车时上下车不排队（公共秩序，26.00%）

④行人逆向上下台阶（公共秩序，24.68%）

⑤遛宠物时不主动清理宠物粪便（公共卫生，24.05%）

不文明现象发生率排在后十位的是：

①没有照管好小孩而任其到处乱跑或喧哗（公共观赏，没有观测到）

②在禁烟场所抽烟（公共卫生，0.38%）

③在日常购物/票过程中不自觉排队（公共秩序，0.57%）

④随地吐痰（公共卫生，0.69%）

⑤在社区/村内没有主动为他人提供方便或帮助（公共交往，0.75%）

⑥在公共场所大声喧哗（公共秩序，0.83%）

⑦相互之间大声交谈不顾及他人（公共交往，0.85%）

⑧与人交往时没有礼貌（公共交往，0.87%）

⑨机动车与他人抢道、抢行或插车；乱写乱画，攀登或脚踏雕塑和碑碣等公物；随意踩踏草坪和花木（公共秩序，0.92%）

⑩与人交往时没有礼貌（公共交往，0.87%）

在这12个指标中，属于公共秩序方面的，有5个；属于公共交往方面的，有4个；属于公共卫生方面的，有2个；属于公共观赏方面的，有1个。这说明下城区居民在公共场合的文明行为习惯有了很大改进，特别是近年来杭州市采取的公共场所禁烟的举措取得了明显成效。

2014年杭州市民公共文明指数调查现场观测报告（江干区）

根据《杭州市民文明素养指数调查实施方案》的要求，课题组分别在2014年11月27~30日、12月2日对全区15个观测点的市民在早上、中午、傍晚和双休日不同时间段的文明素养状况展开了观测调查，现就观测情况形成如下报告。

一　江干区现场观测总体情况

江干区选取的 15 个现场观测点是庆春广场、邵逸夫医院、杭州市图书馆、万象城、笕桥物美大卖场、地铁彭埠站公交站、杭海路与九沙大道交叉路口、九堡世纪联华超市、杭州电子科技大学、下沙消防主题公园、地铁文泽路站、下沙四号大街与三号大街交叉路口以及区内 2 条公交线路和 1 家电影院。

从图 1 可以看出，江干区在四个时间段所观测总流量为 169808 人次，其中不文明现象发生量为 2203 人次，不文明现象总体发生率为 1.30%。10:00~12:00（1.78%）和 16:00~18:00（1.33%）这两个时段的不文明现象发生率最高，均高于全区不文明现象总体发生率；13:00~15:00 时段的不文明现象发生率最低，为 0.95%。

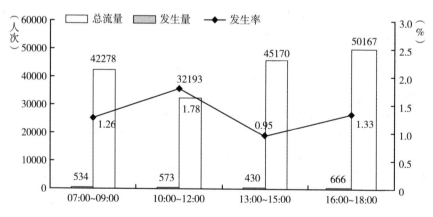

图 1　江干区各时段所观测总流量、不文明现象发生量与不文明现象发生率

江干区在四个方面中，不文明现象发生率由高到低依次为公共观赏、公共卫生、公共秩序和公共交往。其中，公共观赏方面的不文明现象发生率最高，为 22.92%；公共交往方面的不文明现象发生率最低，为 0.76%（见图 2）。

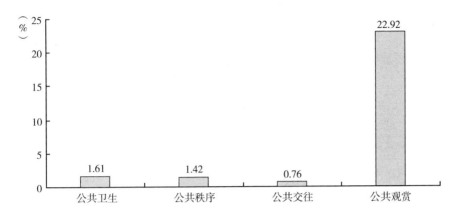

图2　江干区四个方面不文明现象发生率

二　四个方面各项指标情况

（一）公共卫生方面

在公共卫生方面的6个指标中，江干区所观测总流量为32452人次，其中不文明现象发生量为523人次，不文明现象发生率为1.61%。从各项指标来看，江干区居民不文明现象发生率最高的是"打喷嚏时没有遮掩"（38.11%），有5个指标的不文明现象发生率高于全区公共卫生方面的不文明现象总体发生率。"随地吐痰"（0.60%）的不文明现象发生率最低，低于全区公共卫生方面的不文明现象总体发生率（见图3）。

从时间段来看，江干区居民在10:00~12:00时段的不文明现象发生率最高，为2.80%；其余三个时段的不文明现象发生率接近，从高到低依次是07:00~09:00时段为1.53%，16:00~18:00时段为1.43%，13:00~15:00时段为1.16%。不文明现象发生率最低的是13:00~15:00时段，为1.16%（见图4）。

（二）公共秩序方面

在公共秩序方面的10个指标中，江干区所观测总流量为95037人次，

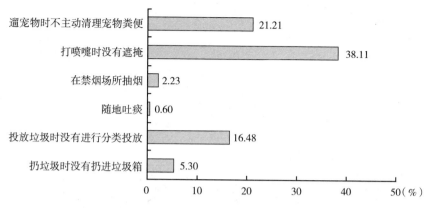

图3　江干区公共卫生方面各项指标不文明现象发生率

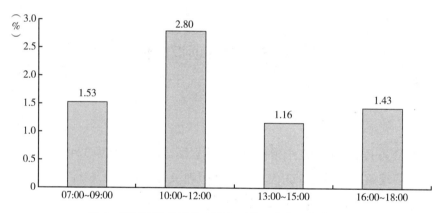

图4　江干区公共卫生方面各时段不文明现象发生率

其中不文明现象发生量为1346人次，不文明现象发生率为1.42%。从各项指标来看，"行人逆向上下台阶"（14.41%）和"行人/非机动车过马路时不遵守交通规则"（8.94%）这2个指标的不文明现象发生率最高，大大高于全区公共秩序方面的不文明现象总体发生率。而"随意踩踏草坪和花木"（0.05%）、"乘车时上下车不排队"（0.27%）、"在公共场所大声喧哗"（0.43%）、"乱写乱画，攀登或脚踏雕塑和碑碣等公物"（0.44%）和"在日常购物/票过程中不自觉排队"（0.91%）这5个指标的不文明现象发生率较低，99%以上的江干区居民都能做到在公共场合有序排队、不大声喧哗、不损坏公物等（见图5）。

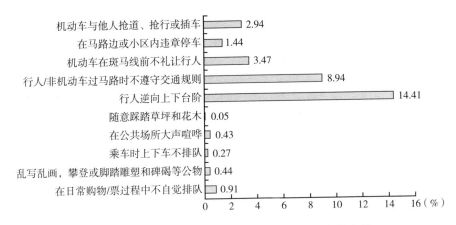

机动车与他人抢道、抢行或插车 2.94
在马路边或小区内违章停车 1.44
机动车在斑马线前不礼让行人 3.47
行人/非机动车过马路时不遵守交通规则 8.94
行人逆向上下台阶 14.41
随意踩踏草坪和花木 0.05
在公共场所大声喧哗 0.43
乘车时上下车不排队 0.27
乱写乱画，攀登或脚踏雕塑和碑碣等公物 0.44
在日常购物/票过程中不自觉排队 0.91

图5 江干区公共秩序方面各项指标不文明现象发生率

从时间段来看，江干区居民在 10:00~12:00 时段的不文明现象发生率最高，为 1.77%，高于全区公共秩序方面的不文明现象总体发生率。而 07:00~09:00、16:00~18:00 这两个时段的不文明现象发生率与全区公共秩序方面的不文明现象总体发生率一致，均为 1.42%；13:00~15:00 时段的不文明现象发生率最低，为 1.12%（见图6）。

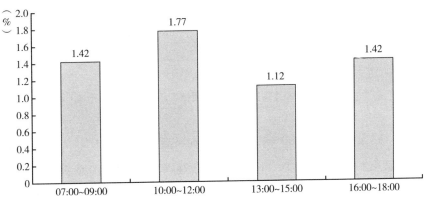

图6 江干区公共秩序方面各时段不文明现象发生率

（三）公共交往方面

在公共交往方面的 6 个指标中，江干区所观测总流量为 42271 人次，其中不文明现象发生量为 323 人次, 不文明现象发生率为 0.76% 。图 7 显示, 公共交往方面只有"相互之间大声交谈不顾及他人"(0.37%)这个指标的不文明现象发生率低于全区不文明现象总体发生率; 其余各项指标的不文明现象发生率均高于总体发生率, 由高到低依次是"向陌生人问路时没有礼貌回应"(6.78%)、 "没有给老、弱、病、残、孕及怀抱婴儿者让座" (3.77%)、"与人交往时没有礼貌"(2.40%)、"乘客之间没有相互谦让" (2.16%)、"在社区/村内没有主动为他人提供方便或帮助"(1.49%)。这说明江干区居民在主动为他人提供帮助, 以及给老、弱、病、残、孕及怀抱婴儿者让座等方面需要改进, 但是让座和帮助还需视实际情况而定, 这 2 个指标的不文明现象发生率高未必能完全说明市民的文明素养就低。

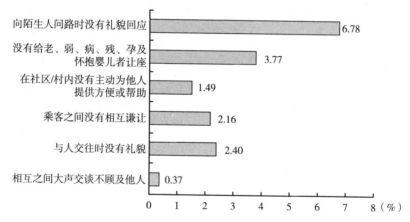

图 7　江干区公共交往方面各项指标不文明现象发生率

从时间段来看, 07∶00 ~ 09∶00 时段所观测总流量为 9159 人次, 其中不文明现象发生量为 55 人次, 不文明现象发生率为 0.60% ; 10∶00 ~ 12∶00 时段所观测总流量为 8602 人次, 其中不文明现象发生量为 97 人次, 不文明现象发生率为 1.13% ; 13∶00 ~ 15∶00 时段所观测总流量为 13475 人次, 其中不文明现象发生量为 61 人次, 不文明现象发生率为 0.45% ; 16∶00 ~ 18∶00 时段所观测总流量为 11035 人次, 其中不文明现象发生量为 110 人次, 不文明现象发生率为 1.00% 。对比发现, 江干区居民在 10∶00 ~ 12∶00 时段的不文明现象发生率最高，为 1.13%；其次是 16：00 ~ 18：00 时段，为 1.00%。
这两个时段的不文明现象发生率都高于全区公共交往方面的不文明现象总体
发生率（见图 8）。

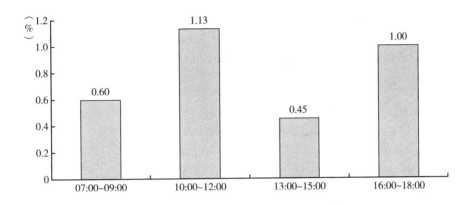

图 8　江干区公共交往方面各时段不文明现象发生率

（四）公共观赏方面

在公共观赏方面的 4 个指标中，江干区所观测总流量为 48 人次，不文
明现象发生量为 11 人次，不文明现象发生率为 22.92%。其中，"不按时入
场、退场"发生量为 5 人次，不文明现象发生率为 10.42%；"手机出现声
音（包括短信等提示）"发生量为 1 人次，不文明现象发生率为 2.08%；
"交头接耳，大声喧哗"发生量为 5 人次，不文明现象发生率为 10.42%；
"没有照管好小孩而任其到处乱跑或喧哗"这一不文明现象没有观测到。由
图 9 可以看出，"交头接耳，大声喧哗"和"不按时入场、退场"这 2 个指
标的不文明现象发生率最高。

从时间段来看，江干区的观影时间选在 13：00 ~ 15：00 时段，所以在
07：00 ~ 09：00、10：00 ~ 12：00、16：00 ~ 18：00 这三个时段的数据空缺。在
13：00 ~ 15：00 时段观测到的总流量为 48 人次，其中不文明现象发生量为 11
人次，不文明现象发生率为 22.92%（见图 10）。

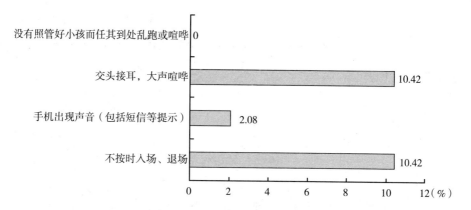

图9　江干区公共观赏方面各项指标不文明现象发生率

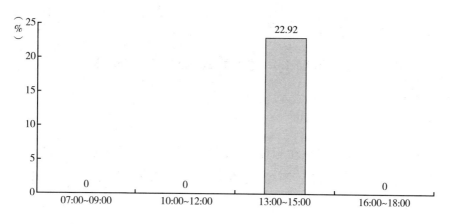

图10　江干区公共观赏方面各时段不文明现象发生率

三　基本判断

从四个方面的情况来看，江干区公共交往方面的不文明现象发生率最低（0.76%），低于全区不文明现象总体发生率（1.30%），公共观赏方面的不文明现象发生率最高（22.92%）。具体到每一个指标，在公共卫生方面，只有"随地吐痰"（0.60%）这一指标的不文明现象发生率低于全区公共卫生方面的不文明现象总体发生率，"打喷嚏时没有遮掩"（38.11%）、"遛宠物时不主动清理宠物粪便"（21.21%）和"投放垃圾时没有进行分类投放"（16.48%）这3个指标的不文明现象发生率最高。在公共秩序方面，"随意踩踏草坪和花木"（0.05%）的不文明现象发生率最低，"行人逆向上下台阶"（14.41%）的不文明现象发生率最高，这说明江干区居民的公共交通安全意识比较有待增强，尤其是行人和非机动车的安全意识比较薄弱。在公共交往方面，"相互之间大声交谈不顾及他人"（0.37%）的不文明现象发生率最低，"向陌生人问路时没有礼貌回应"（6.78%）和"没有给老、弱、病、残、孕及怀抱婴儿者让座"（3.77%）这2个指标的不文明现象发生率最高，这表明江干区居民在与人交往时的礼貌谦让和让座情况有待改善。在公共观赏方面，"交头接耳，大声喧哗"和"不按时入场、退场"这2个指标的不文明现象发生率最高，均为10.42%；"没有照管好小孩而任其到处乱跑或喧哗"这一不文明现象没有观测到，这与观影时间和内容有关。

从现场观测时间段来看，江干区四个方面的不文明现象大都集中在10：00～12：00时段，分别是公共卫生、公共秩序和公共交往方面。而公共观赏方面的不文明现象发生率在13：00～15：00时段最高，这与观影时间有关。

从四个方面共26个指标来看，江干区居民的不文明现象发生率排在前五位的是：

①打喷嚏时没有遮掩（公共卫生，38.11%）
②遛宠物时不主动清理宠物粪便（公共卫生，21.21%）
③投放垃圾时没有进行分类投放（公共卫生，16.48%）
④行人逆向上下台阶（公共秩序，14.41%）
⑤交头接耳，大声喧哗；不按时入场、退场（公共观赏，10.42%）

不文明现象发生率排在后十位的是：

①没有照管好小孩而任其到处乱跑或喧哗（公共观赏，没有观测到）

②随意踩踏草坪和花木（公共秩序，0.05%）

③乘车时上下车不排队（公共秩序，0.27%）

④相互之间大声交谈不顾及他人（公共交往，0.37%）

⑤在公共场所大声喧哗（公共秩序，0.43%）

⑥乱写乱画，攀登或脚踏雕塑和碑碣等公物（公共秩序，0.44%）

⑦随地吐痰（公共卫生，0.60%）

⑧在日常购物/票过程中不自觉排队（公共秩序，0.91%）

⑨在马路边或小区内违章停车（公共秩序，1.44%）

⑩在社区/村内没有主动为他人提供方便或帮助（公共交往，1.49%）

在这 10 个指标中，属于公共秩序方面的，有 6 个；属于公共交往方面的，有 2 个；属于公共卫生和公共观赏方面的，各有 1 个。这说明江干区居民在公共场所的文明行为习惯近年来有明显改进。

2014 年杭州市民公共文明指数调查现场观测报告（拱墅区）

根据《杭州市民文明素养指数调查实施方案》的要求，课题组于 2014 年 11 月 27～29 日对全区 15 个观测点的市民在早上、中午、傍晚和双休日不同时间段的文明素养状况展开了观测调查，现就观测情况形成如下报告。

一　拱墅区现场观测总体情况

拱墅区选取的 15 个现场观测点是香积寺路口公交车站、大关公园、钱江小商品市场、浙江树人大学、运河广场、京杭大运河博物馆、杭州市第二人民医院、拱宸桥公交码头、和睦新村、和睦农贸市场、物美超市莫干山店、湖墅南路与文晖路交叉路口以及区内 2 条公交线路和 1 家电影院。

从图 1 可以看出，拱墅区在四个时间段所观测总流量为 224112 人次，其中不文明现象发生量为 13064 人次，不文明现象总体发生率为 5. 83%。
16:00～18:00 时段的不文明现象发生率最高，为 8. 43%，高于全区不文明现
象总体发生率；10:00～12:00 时段的不文明现象发生率最低，为 4. 42%。

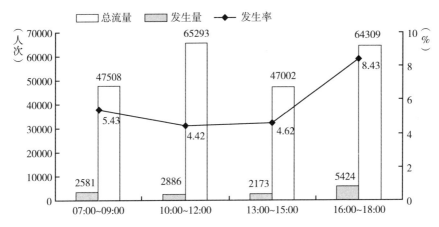

图1　拱墅区各时段所观测总流量、不文明现象发生量与不文明现象发生率

拱墅区在四个方面中，不文明现象发生率由高到低依次为公共观赏、公
共秩序、公共交往和公共卫生，这与上城区情况相同。其中，公共观赏方面
的不文明现象发生率最高（21. 35%），其次是公共秩序方面（6. 77%）和公
共交往方面（6. 30%），这三个方面的不文明现象发生率均高于全区不文明现
象总体发生率。公共卫生方面的不文明现象发生率最低，为 3. 84%（见图2）。

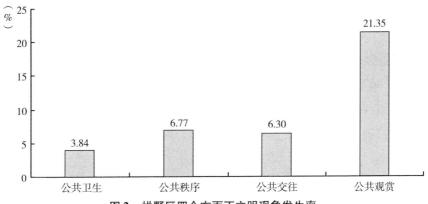

图2　拱墅区四个方面不文明现象发生率

二 四个方面各项指标情况

（一）公共卫生方面

在公共卫生方面的 6 个指标中，拱墅区所观测总流量为 65498 人次，其中不文明现象发生量为 2518 人次，不文明现象发生率为 3.84%。从各项指标来看，拱墅区居民的不文明现象发生率最高的是"遛宠物时不主动清理宠物粪便"（30.97%），其次是"扔垃圾时没有扔进垃圾箱"（29.57%）、"打喷嚏时没有遮掩"（26.88%）、"投放垃圾时没有进行分类投放"（19.29%），这 4 个指标的不文明现象发生率都高于全区公共卫生方面的不文明现象总体发生率。不文明现象发生率最低的是"随地吐痰"，为 1.11%（见图 3）。

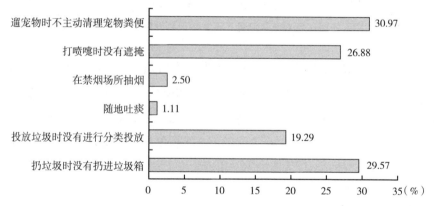

图 3 拱墅区公共卫生方面各项指标不文明现象发生率

从时间段来看，拱墅区居民在 07：00 ~ 09：00 时段的不文明现象发生率最高（5.86%），其次是 16：00 ~ 18：00 时段（3.94%），这两个时段的不文明现象发生率均高于全区公共卫生方面的不文明现象总体发生率。而 13：00 ~ 15：00 时段的不文明现象发生率最低，为 2.95%（见图 4）。

（二）公共秩序方面

在公共秩序方面的 10 个指标中，拱墅区所观测总流量为 111125 人次，

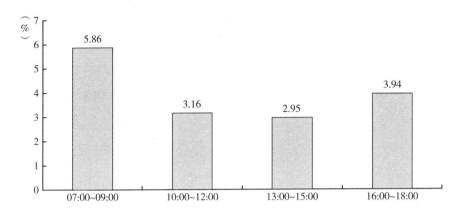

图4 拱墅区公共卫生方面各时段不文明现象发生率

其中不文明现象发生量为7523人次,不文明现象发生率为6.77%。从各项指标来看,"行人逆向上下台阶"(26.81%)、"行人/非机动车过马路时不遵守交通规则"(13.48%)和"乘车时上下车不排队"(12.87%)这3个指标的不文明现象发生率最高,其余7个指标的不文明现象发生率都低于全区公共秩序方面的不文明现象总体发生率。而不文明现象发生率最低的是"乱写乱画,攀登或脚踏雕塑和碑碣等公物"(0.50%)。这一现象说明拱墅区居民在遵守道路交通规则、增强公共出行安全意识方面需要进一步改进(见图5)。

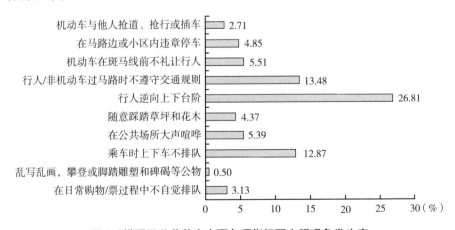

图5 拱墅区公共秩序方面各项指标不文明现象发生率

从时间段来看，拱墅区居民在 16:00 ~ 18:00 时段的不文明现象发生率最高，为 10.24%，大大高于全区公共秩序方面的不文明现象总体发生率。其他三个时段的不文明现象发生率比较均衡，从高到低依次是 10:00 ~ 12:00 时段为 5.50%，07:00 ~ 09:00 时段为 5.31%，13:00 ~ 15:00 时段为 5.04%（见图 6）。

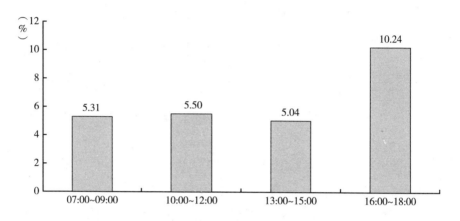

图 6　拱墅区公共秩序方面各时段不文明现象发生率

（三）公共交往方面

在公共交往方面的 6 个指标中，拱墅区所观测总流量为 47297 人次，其中不文明现象发生量为 2982 人次，不文明现象发生率为 6.30%。图 7 显示，"相互之间大声交谈不顾及他人"（8.16%）和"没有给老、弱、病、残、孕及怀抱婴儿者让座"（7.38%）这 2 个指标的不文明现象发生率最高，大大高于全区公共交往方面的不文明现象总体发生率，其他各项指标的不文明现象发生率都低于全区公共交往方面的不文明现象总体发生率，这说明拱墅区居民需要加强在公共场合的文明礼仪教育。同样，"没有给老、弱、病、残、孕及怀抱婴儿者让座"这个指标涉及多个因素，不文明现象发生率高未必能完全说明拱墅区市民的文明素养就低。

从时间段来看，07:00 ~ 09:00 时段所观测总流量为 8143 人次，其中不文明现象发生量为 421 人次，不文明现象发生率为 5.17%；10:00 ~ 12:00 时段

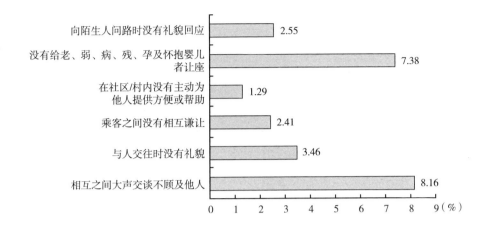

图7 拱墅区公共交往方面各项指标不文明现象发生率

所观测总流量为17537人次，其中不文明现象发生量为733人次，不文明现象发生率为4.18%；13:00～15:00时段所观测总流量为7956人次，其中不文明现象发生量为521人次，不文明现象发生率为6.55%；16:00～18:00时段所观测总流量为13661人次，其中不文明现象发生量为1307人次，不文明现象发生率为9.57%。对比发现，拱墅区居民在16:00～18:00和13:00～15:00这两个时段的不文明现象发生率最高，都高于全区公共交往方面的不文明现象总体发生率。10:00～12:00时段的不文明现象发生率最低，为4.18%（见图8）。

（四）公共观赏方面

在公共观赏方面的4个指标中，拱墅区所观测总流量为192人次，不文明现象发生量为41人次，不文明现象发生率为21.35%。其中，"不按时入场、退场"发生量为8人次，不文明现象发生率为4.17%；"手机出现声音（包括短信等提示）"发生量为3人次，不文明现象发生率为1.56%；"交头接耳，大声喧哗"发生量为16人次，不文明现象发生率为8.33%；"没有照管好小孩而任其到处乱跑或喧哗"发生量为14人次，不文明现象发生率为7.29%。由图9可以看出，"交头接耳，大声喧

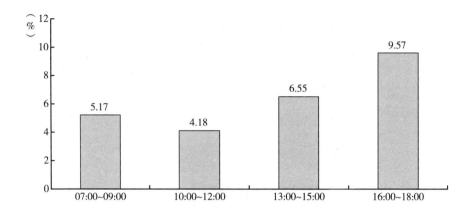

图 8　拱墅区公共交往方面各时段不文明现象发生率

哗"和"没有照管好小孩而任其到处乱跑或喧哗"这 2 个指标的不文明现象发生率最高。

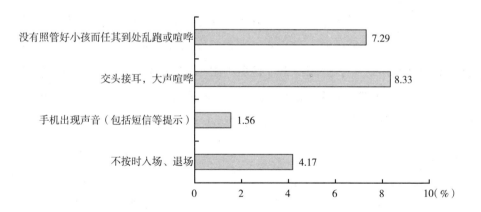

图 9　拱墅区公共观赏方面各项指标不文明现象发生率

　　从时间段来看，拱墅区的观影时间选择在 16：00～18：00 时段，所以在 07：00～09：00、10：00～12：00、13：00～15：00 这三个时段的数据空缺。在 16：00～18：00 时段观测到的总流量为 192 人次，其中不文明现象发生量为 41 人次，不文明现象发生率为 21.35%（见图 10）。

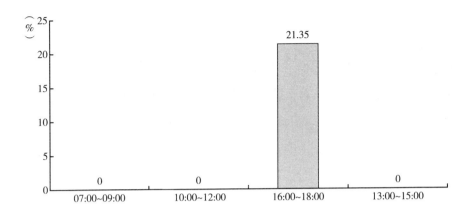

图10 拱墅区公共观赏方面各时段不文明现象发生率

三 基本判断

从四个方面的情况来看，拱墅区公共卫生方面的不文明现象发生率最低（3.84%），公共观赏方面的不文明现象发生率最高（21.35%）。具体到每一个指标，在公共卫生方面，"随地吐痰"（1.11%）和"在禁烟场所抽烟"（2.50%）这2个指标的不文明现象发生率最低，均低于全区公共卫生方面的不文明现象总体发生率（3.84%）。而"遛宠物时不主动清理宠物粪便"的不文明现象发生率最高，为30.97%。在公共秩序方面，"乱写乱画，攀登或脚踏雕塑和碑碣等公物"的不文明现象发生率最低，为0.50%；"行人逆向上下台阶"（26.81%）的不文明现象发生率最高，原因是拱墅区观测点中有多处台阶密集，人流量比较大，尤其需要增强公共安全意识。在公共交往方面，"在社区/村内没有主动为他人提供方便或帮助"（1.29%）、"乘客之间没有相互谦让"（2.41%）、"向陌生人问路时没有礼貌回应"（2.55%）和"与人交往时没有礼貌"（3.46%）这4个指标的不文明现象发生率最低，而"相互之间大声交谈不顾及他人"（8.16%）、"没有给老、弱、病、残、孕及怀抱婴儿者让座"（7.38%）这2个指标的不文明现象发生率最高，这说明拱墅区居民在与人交往时的文明礼仪方面有待改进。在公共观赏方面，"交头接耳，大声喧哗"（8.33%）和"没有照管好小孩而任其到处乱跑或喧哗"（7.29%）这 2 个指标的不文明现象发生率最高，"手机出现声音（包括短信等提示）"（1.56%）的不文明现象发生率最低。

从现场观测时间段来看，拱墅区四个方面的不文明现象大都集中在早上和傍晚两个时段，其中公共卫生方面不文明现象发生率最高的集中在 07：00~09：00 时段，公共秩序、公共交往和公共观赏三个方面不文明现象发生率最高的都集中在 16：00~18：00 时段，这样的分布也符合居民一天的工作与生活规律。

从四个方面共 26 个指标来看，拱墅区居民的不文明现象发生率排在前五位的是：

①遛宠物时不主动清理宠物粪便（公共卫生，30.97%）

②扔垃圾时没有扔进垃圾箱（公共卫生，29.57%）

③打喷嚏时没有遮掩（公共卫生，26.88%）

④行人逆向上下台阶（公共秩序，26.81%）

⑤投放垃圾时没有进行分类投放（公共卫生，19.29%）

不文明现象发生率排在后十位的是：

①乱写乱画，攀登或脚踏雕塑和碑碣等公物（公共秩序，0.50%）

②随地吐痰（公共卫生，1.11%）

③在社区/村内没有主动为他人提供方便或帮助（公共交往，1.29%）

④手机出现声音（包括短信等提示）（公共观赏，1.56%）

⑤乘客之间没有相互谦让（公共交往，2.41%）

⑥在禁烟场所抽烟（公共卫生，2.50%）

⑦向陌生人问路时没有礼貌回应（公共交往，2.55%）

⑧机动车与他人抢道、抢行或插车（公共秩序，2.71%）

⑨在日常购物/票过程中不自觉排队（公共秩序，3.13%）

⑩与人交往时没有礼貌（公共交往，3.46%）

在这10个指标中，属于公共交往方面的，有4个；属于公共秩序方面的，有3个；属于公共卫生方面的，有2个；属于公共观赏方面的，有1个。这说明拱墅区居民的公共文明行为习惯近年来有明显改进。

2014年杭州市民公共文明指数调查
现场观测报告（西湖区）

根据《杭州市民文明素养指数调查实施方案》的要求，课题组于2014年11月27～29日对全区15个观测点的市民在早上、中午、傍晚和双休日不同时间段的文明素养状况展开了观测调查，现就观测情况形成如下报告。

一 西湖区现场观测总体情况

西湖区选取的15个现场观测点是西湖音乐喷泉、西湖断桥和北山路交叉路口、杭州植物园、杭州市中医院、世纪联华华商超市、西城广场、浙江大学紫金港校区、西溪湿地国家公园、黄龙体育中心、浙江图书馆、学军中学、文一路和教工路交叉路口以及区内2条公交线路和1家电影院。

从图1可以看出，西湖区在四个时间段所观测总流量为292329人次，其中不文明现象发生量为5219人次，不文明现象总体发生率为1.79%。07:00～09:00和13:00～15:00这两个时段的不文明现象发生率最高，分别为2.09%和2.02%，均高于全区不文明现象总体发生率；10:00～12:00时段的不文明现象发生率最低，为1.58%。

西湖区在四个方面中，不文明现象发生率由高到低依次为公共观赏、公共卫生、公共秩序和公共交往。其中，公共观赏方面的不文明发生率最高

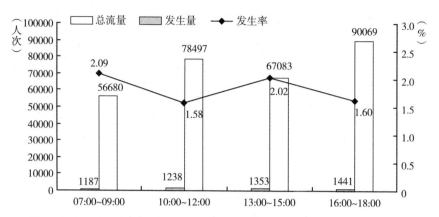

图 1　西湖区各时段所观测总流量、不文明现象发生量与不文明现象发生率

（19.49%），其次是公共卫生方面（2.98%），这两个方面的不文明现象发生率均高于全区不文明现象总体发生率。公共交往方面的不文明现象发生率最低，为 1.04%（见图 2）。

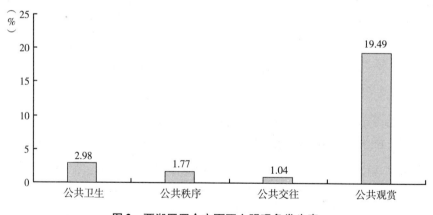

图 2　西湖区四个方面不文明现象发生率

二　四个方面各项指标情况

（一）公共卫生方面

在公共卫生方面的 6 个指标中，西湖区所观测总流量为 46856 人次，其中不文明现象发生量为1396人次，不文明现象发生率为2.98%。从各项指标来看，西湖区居民的不文明现象发生率最高的是"投放垃圾时没有进行分类投放"（50.48%），其次是"打喷嚏时没有遮掩"（18.46%）、"遛宠物时不主动清理宠物粪便"（13.79%）、"扔垃圾时没有扔进垃圾箱"（10.34%），这4个指标的不文明现象发生率都大大高于全区公共卫生方面的不文明现象总体发生率。不文明现象发生率最低的是"在禁烟场所抽烟"，为0.23%（见图3）。

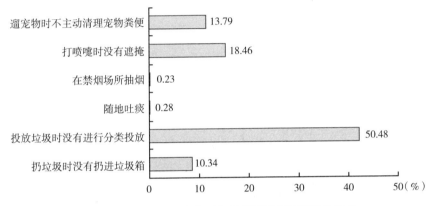

图3　西湖区公共卫生方面各项指标不文明现象发生率

从时间段来看，西湖区居民在07:00~09:00和16:00~18:00两个时段的不文明现象发生率最高，分别为4.61%和3.02%，均高于全区公共卫生方面的不文明现象总体发生率；10:00~12:00时段的不文明现象发生率最低，为2.34%（见图4）。

（二）公共秩序方面

在公共秩序方面的10个指标中，西湖区所观测总流量为169419人次，其中不文明现象发生量为2994人次，不文明现象发生率为1.77%。从各项指标来看，"行人逆向上下台阶"（44.66%）、"乘车时上下车不排队"（4.82%）、"行人/非机动车过马路时不遵守交通规则"（4.01%）、"在马路边或小区内违章停车"（2.47%）这4个指标的不文明现象发生率最高，

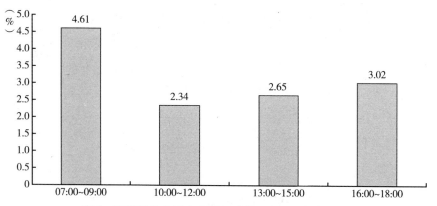

图 4　西湖区公共卫生方面各时段不文明现象发生率

均高于全区公共秩序方面的不文明现象总体发生率。"随意踩踏草坪和花木"的不文明现象发生率最低，为 0.31%（见图 5）。

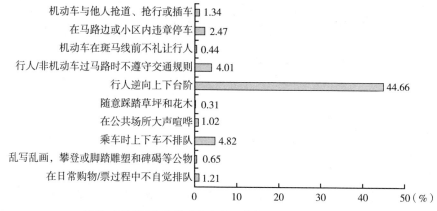

图 5　西湖区公共秩序方面各项指标不文明现象发生率

　　从时间段来看，西湖区居民在 13：00～15：00 和 07：00～09：00 这两个时段的不文明现象发生率最高，分别为 2.04% 和 1.90%，高于全区公共秩序方面的不文明现象总体发生率；16：00～18：00 时段的不文明现象发生率最低，为 1.54%（见图 6）。

（三）公共交往方面

　　在公共交往方面的 6 个指标中，西湖区所观测总流量为 75859 人次，其

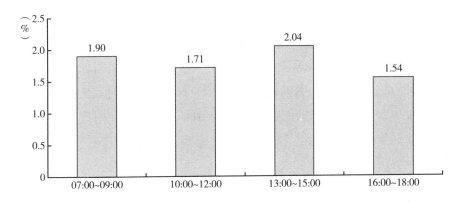

图6　西湖区公共秩序方面各时段不文明现象发生率

中不文明现象发生量为791人次，不文明现象发生率为1.04%。图7显示，有4个指标的不文明现象发生率高于全区公共交往方面的不文明现象总体发生率，分别是"没有给老、弱、病、残、孕及怀抱婴儿者让座"（5.00%）、"乘客之间没有相互谦让"（3.97%）、"向陌生人问路时没有礼貌回应"（3.84%）、"在社区/村内没有主动为他人提供方便或帮助"（2.40%）。当然，"没有给老、弱、病、残、孕及怀抱婴儿者让座"和"在社区/村内没有主动为他人提供方便或帮助"这2个指标的不文明现象发生率较高，未必能完全说明市民的文明素养就低。

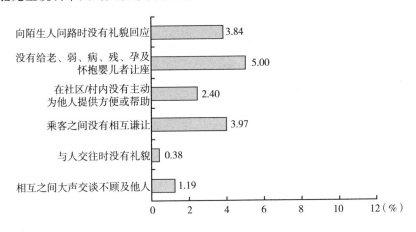

图7　西湖区公共交往方面各项指标不文明现象发生率

从时间段来看，07：00～09：00 时段所观测总流量为 12909 人次，其中不文明现象发生量为 126 人次，不文明现象发生率为 0.98%；10：00～12：00时段所观测总流量为 25473 人次，其中不文明现象发生量为 229 人次，不文明现象发生率为 0.90%；13：00～15：00 时段所观测总流量为 17182 人次，其中不文明现象发生量为 260 人次，不文明现象发生率为 1.51%；16：00～18：00时段所观测总流量为 20295 人次，其中不文明现象发生量为 176 人次，不文明现象发生率为 0.87%。对比发现，西湖区居民在 13：00～15：00 时段的不文明现象发生率最高，为 1.51%，高于全区公共交往方面的不文明现象总体发生率；16：00～18：00 时段的不文明现象发生率最低，为 0.87%（见图8）。

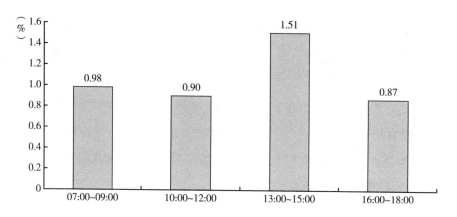

图8　西湖区公共交往方面各时段不文明现象发生率

（四）公共观赏方面

在公共观赏方面的 4 个指标中，西湖区所观测总流量为 195 人次，不文明现象发生量为 38 人次，不文明现象发生率为 19.49%。其中，"不按时入场、退场"发生量为 10 人次，不文明现象发生率为 5.13%；"手机出现声音（包括短信等提示）"发生量为 14 人次，不文明现象发生率为 7.18%；"交头接耳，大声喧哗"发生量为 8 人次，不文明现象发生率为 4.10%；"没有照管好小孩而任其到处乱跑或喧哗"发生量为 6 人次，不文明现象发生率为 3.08%。由图 9 可以看出，"手机出现声音（包括短信等提示）"
（7.18%）的不文明现象发生率最高，"没有照管好小孩而任其到处乱跑或
喧哗"（3.08%）的不文明现象发生率最低。

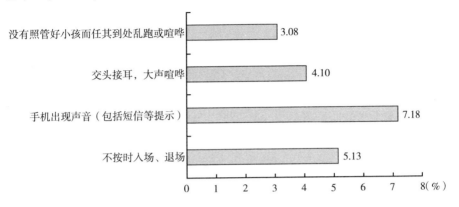

图9　西湖区公共观赏方面各项指标不文明现象发生率

从时间段来看，西湖区的观影时间有三个，分别在 07:00~09:00、
13:00~15:00 和 16:00~18:00 时段观看了 3 场电影，10:00~12:00 时段
的数据空缺。其中，不文明现象发生率最高的是 13:00~15:00 时段，为
32.00%；另两个时段的不文明现象发生率相近，分别是 07:00~09:00时段
为 17.78%，16:00~18:00 时段为 17.60%（见图 10）。

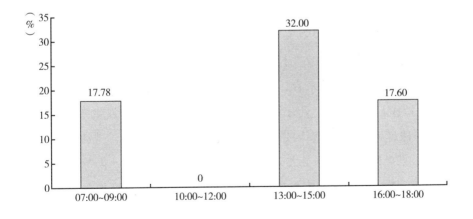

图10　西湖区公共观赏方面各时段不文明现象发生率

三 基本判断

从四个方面的情况来看，西湖区公共交往方面的不文明现象发生率最低（1.04%），低于全区不文明现象总体发生率（1.79%），公共观赏方面的不文明现象发生率最高（19.49%）。具体到每一个指标，在公共卫生方面，"在禁烟场所抽烟"（0.23%）和"随地吐痰"（0.28%）这2个指标的不文明现象发生率最低，均低于全区公共卫生方面的不文明现象总体发生率（2.98%）；"投放垃圾时没有进行分类投放"的不文明现象发生率最高（50.48%），这说明西湖区居民对垃圾分类还没有形成良好的习惯，需要较长时间的努力。在公共秩序方面，有6个指标的不文明现象发生率低于全区公共秩序方面的不文明现象总体发生率（1.77%），其中"随意踩踏草坪和花木"的不文明现象发生率最低（0.31%），而"行人逆向上下台阶"的不文明现象发生率最高（44.66%），这说明在公共秩序方面，机动车遵守公共交通规则的情况要好于行人/非机动车。在公共交往方面，"与人交往时没有礼貌"（0.38%）的不文明现象发生率最低，低于全区公共交往方面的不文明现象总体发生率（1.04%），而"没有给老、弱、病、残、孕及怀抱婴儿者让座"（5.00%）的不文明现象发生率最高。在公共观赏方面，"没有照管好小孩而任其到处乱跑或喧哗"（3.08%）的不文明现象发生率最低，"手机出现声音（包括短信等提示）"（7.18%）的不文明现象发生率最高，这说明西湖区居民在公共观赏方面的文明行为习惯需要进一步养成。

从现场观测时间段来看，西湖区有三个方面的不文明现象发生率在13:00~15:00时段最高，只有公共卫生方面的不文明现象发生率在07:00~09:00时段最高。这与西湖区是杭州5个老城区（上城区、下城区、江干区、拱墅区、西湖区）中面积最大、人口最多的一个城区有关，再考虑到居民的日常生活习惯，扔垃圾大多发生在早上，而午后人和车的流量在主城区也比较大，因此不文明现象发生率也高。

从四个方面共26个指标来看，西湖区居民的不文明现象发生率排在前五位的是：

①投放垃圾时没有进行分类投放（公共卫生，50.48%）

②行人逆向上下台阶（公共秩序，44.66%）

③打喷嚏时没有遮掩（公共卫生，18.46%）

④遛宠物时不主动清理宠物粪便（公共卫生，13.79%）

⑤扔垃圾时没有扔进垃圾箱（公共卫生，10.34%）

不文明现象发生率排在后十位的是：

①在禁烟场所抽烟（公共卫生，0.23%）

②随地吐痰（公共卫生，0.28%）

③随意踩踏草坪和花木（公共秩序，0.31%）

④与人交往时没有礼貌（公共交往，0.38%）

⑤机动车在斑马线前不礼让行人（公共秩序，0.44%）

⑥乱写乱画，攀登或脚踏雕塑和碑碣等公物（公共秩序，0.65%）

⑦在公共场所大声喧哗（公共秩序，1.02%）

⑧相互之间大声交谈不顾及他人（公共交往，1.19%）

⑨在日常购物/票过程中不自觉排队（公共秩序，1.21%）

⑩机动车与他人抢道、抢行或插车（公共秩序，1.34%）

在这10个指标中，属于公共秩序方面的，有6个；属于公共卫生和公共交往方面的，各有2个。这说明西湖区作为杭州市重要的文教区，居民的公德意识比较强。

2014 年杭州市民公共文明指数调查
现场观测报告（滨江区）

根据《杭州市民文明素养指数调查实施方案》的要求，课题组于 2014

年 11 月 26 日和 11 月 28～29 日对全区 15 个观测点的市民在早上、中午、傍晚和双休日不同时间段的文明素养状况展开了观测调查，现就观测情况形成如下报告。

一　滨江区现场观测总体情况

滨江区选取的 15 个现场观测点是地铁 1 号线江陵路站、浙二医院滨江院区、滨江区四桥下口钱江菜市场、浙江商业职业技术学院后门、滨文路与火炬大道交叉路口、杭州长河中学、龙禧大酒店门口、滨康路与风情大道交叉路口、风情大道机场高速路口、湘湖旅游度假区、极地海洋公园门口、萧山湖头陈社区以及区内 2 条公交线路和 1 家电影院（由于滨江区面积相对较小，在选点时将部分接近萧山区范围的观测点也纳入本区内）。

从图 1 可以看出，滨江区在四个时间段所观测总流量为 145221 人次，其中不文明现象发生量为 4681 人次，不文明现象总体发生率为 3.22%。有三个时段的不文明现象发生率最高，分别是 13:00～15:00 时段（4.23%）、16:00～18:00 时段（3.60%）和 10:00～12:00 时段（3.51%），不文明现象发生率均高于全区不文明现象总体发生率。07:00～09:00 时段的不文明现象发生率最低，为 2.30%。

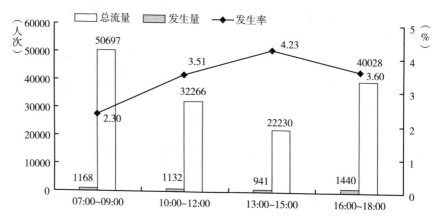

图 1　滨江区各时段所观测总流量、不文明现象发生量与不文明现象发生率

滨江区在四个方面中,不文明现象发生率由高到低依次为公共观赏、公共卫生、公共交往和公共秩序。其中,公共观赏方面的不文明现象发生率最高(25.00%),其次是公共卫生方面(6.03%)和公共交往方面(3.49%),这三个方面的不文明现象发生率均高于全区不文明现象总体发生率。公共秩序方面的不文明现象发生率最低,为2.67%(见图2)。

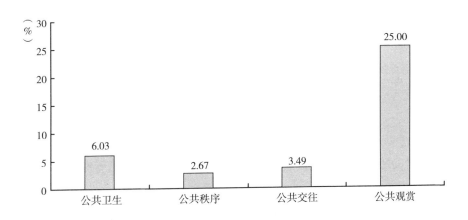

图2 滨江区四个方面不文明现象发生率

二 四个方面各项指标情况

(一)公共卫生方面

在公共卫生方面的6个指标中,滨江区所观测总流量为17674人次,其中不文明现象发生量为1066人次,不文明现象发生率为6.03%。从各项指标来看,滨江区居民的不文明现象发生率最高的是"投放垃圾时没有进行分类投放"(53.49%),其次是"扔垃圾时没有扔进垃圾箱"(26.75%)、"在禁烟场所抽烟"(26.32%)、"遛宠物时不主动清理宠物粪便"(26.09%)、"打喷嚏时没有遮掩"(11.48%),这5个指标的不文明现象现象发生率都大大高于全区公共卫生方面的不文明现象总体发生率。不文明现象发生率最低的是"随地吐痰",为 0.69% (见图 3)。

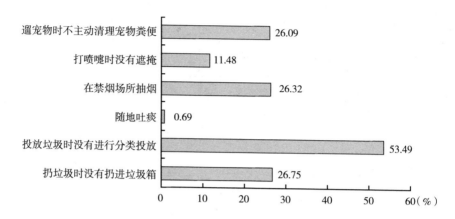

图3 滨江区公共卫生方面各项指标不文明现象发生率

从时间段来看,滨江区居民在 13:00 ~ 15:00 时段的不文明现象发生率最高,为 12.06%,高于全区公共卫生方面的不文明现象总体发生率。其他三个时段的不文明现象发生率都低于全区公共卫生方面的不文明现象总体发生率,其中 07:00 ~ 09:00 时段的不文明现象发生率最低,为 4.29% (见图 4)。

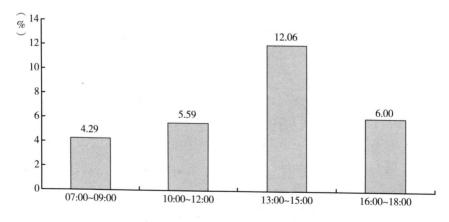

图4 滨江区公共卫生方面各时段不文明现象发生率

（二）公共秩序方面

在公共秩序方面的 10 个指标中，滨江区所观测总流量为 102822 人次，其中不文明现象发生量为 2741 人次，不文明现象发生率为 2.67%。从各项指标来看，"乘车时上下车不排队"（14.52%）的不文明现象发生率最高，大大高于全区公共秩序方面的不文明现象总体发生率。不文明现象发生率最低的是"在马路边或小区内违章停车"，为 0.08%（见图 5）。

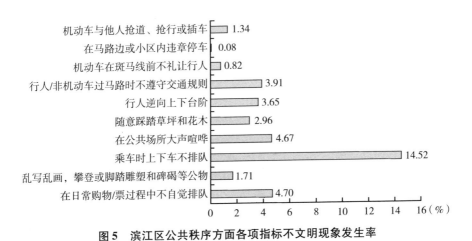

图 5　滨江区公共秩序方面各项指标不文明现象发生率

从时间段来看，滨江区居民在四个时段的不文明现象发生率依次是 07:00 ~ 09:00 时段为 1.91%，10:00 ~ 12:00 时段为 3.46%，13:00 ~ 15:00 时段为 3.43%，16:00 ~ 18:00 时段为 2.69%。其中，10:00 ~ 12:00 时段的不文明现象发生率最高，07:00 ~ 09:00 时段的不文明现象发生率最低（见图 6）。

（三）公共交往方面

在公共交往方面的 6 个指标中，滨江区所观测总流量为 24677 人次，其中不文明现象发生量为 862 人次，不文明现象发生率为 3.49%。图 7 显示，"没有给老、弱、病、残、孕及怀抱婴儿者让座"（6.68%）和"向陌生人问路时没有礼貌回应"（5.73%）这 2 个指标的不文明现象发生率最高；"在社区/村内没有主动为他人提供方便或帮助"的不文明现象发生率最低，为 1.55%。

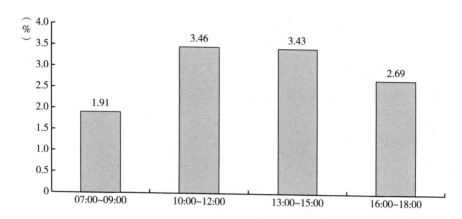

图6　滨江区公共秩序方面各时段不文明现象发生率

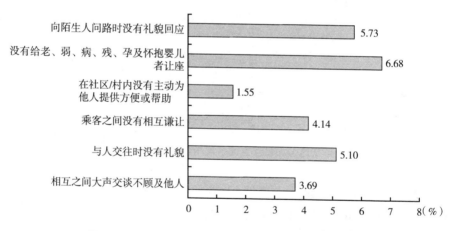

图7　滨江区公共交往方面各项指标不文明现象发生率

从时间段来看，07:00～09:00 时段所观测总流量为5665人次，其中不文明现象发生量为185人次，不文明现象发生率为3.27%；10:00～12:00时段所观测总流量为6962人次，其中不文明现象发生量为181人次，不文明现象发生率为2.60%；13:00～15:00时段所观测总流量为4040人次，其中不文明现象发生量为151人次，不文明现象发生率为3.74%；16:00～18:00时段所观测总流量为8010人次，其中不文明现象发生量为345人次，不文明现象发生率为4.31%。对比发现，滨江区有两个时段的不文明现象发生率高于全区公共交往方面的不文明现象总体发生率，从高到低依次是16∶00～18∶00时段（4.31%）、13∶00～15∶00时段（3.74%），而10∶00～12∶00时段的不文明现象发生率最低，为2.60%（见图8）。

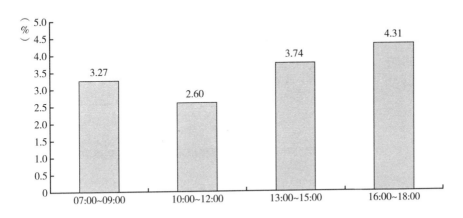

图8　滨江区公共交往方面各时段不文明现象发生率

（四）公共观赏方面

在公共观赏方面的4个指标中，滨江区所观测总流量为48人次，不文明现象发生量为12人次，不文明现象发生率为25.00%。其中，"不按时入场、退场"发生量为2人次，不文明现象发生率为4.17%；"手机出现声音（包括短信等提示）"发生量为5人次，不文明现象发生率为10.42%；"交头接耳，大声喧哗"发生量为4人次，不文明现象发生率为8.33%；"没有照管好小孩而任其到处乱跑或喧哗"发生量为1人次，不文明现象发生率为2.08%。由图9可以看出，"手机出现声音（包括短信等提示）"的不文明现象发生率最高，"没有照管好小孩而任其到处乱跑或喧哗"的不文明现象发生率最低。

从时间段来看，滨江区的观影时间选择在13∶00～15∶00时段，所以07∶00～09∶00、10∶00～12∶00和16∶00～18∶00三个时段的数据空缺。13∶00～15∶00时段的不文明现象发生率为25.00%，高于全区公共观赏方面的不文明现象总体发生率（见图10）。

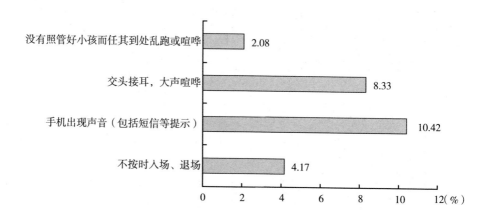

图9　滨江区公共观赏方面各项指标不文明现象发生率

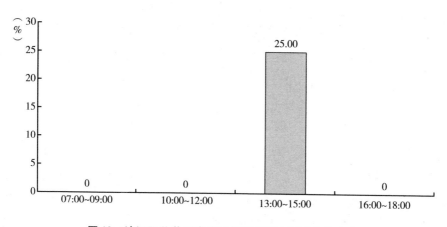

图10　滨江区公共观赏方面各时段不文明现象发生率

三　基本判断

从四个方面的情况来看，滨江区公共秩序方面的不文明现象发生率最低（2.67%），低于全区不文明现象总体发生率（3.22%），公共观赏方面的不文明现象发生率最高（25.00%），原因是作为杭州高新技术园区的滨江区属于城市新区，人流量比较小。具体到每一个指标，在公共卫生方面，"随地吐痰"（0.69%）的不文明现象发生率最低，且低于全区公共卫生方面的不文明现象总体发生率；"投放垃圾时没有进行分类投放"的不文明现象发生率最高，为53.49%。在公共秩序方面，有5个指标的不文明现象发生率低于全区公共秩序方面的不文明现象总体发生率，分别是"在马路边或小区内违章停车"（0.08%）、"机动车在斑马线前不礼让行人"（0.82%）、"机动车与他人抢道、抢行或插车"（1.34%）、"乱写乱画，攀登或脚踏雕塑和碑碣等公物"（1.71%）和"随意踩踏草坪和花木"（2.96%），而"乘车时上下车时不排队"（14.52%）的不文明现象发生率最高，这说明在遵守公共秩序方面，机动车的表现要好于行人/非机动车。在公共交往方面，"没有给老、弱、病、残、孕及怀抱婴儿者让座"（6.68%）的不文明现象发生率最高，大大高于全区公共交往方面的不文明现象总体发生率，不文明现象发生率最低的是"在社区/村内没有主动为他人提供方便或帮助"（1.55%），这主要受市民公共交往的世俗习惯影响。在公共观赏方面，"没有照管好小孩而任其到处乱跑或喧哗"（2.08%）的不文明现象发生率最低，低于全区公共观赏方面的不文明现象总体发生率；而"手机出现声音（包括短信等提示）"的不文明现象发生率最高，为10.42%。

从现场观测时间段来看，滨江区有两个方面的不文明现象发生率在13:00~15:00时段最高，分别是公共卫生和公共观赏方面。这与滨江区属于高新技术园区（人和车的流量本身就小）以及市民的工作时间有关。

从四个方面共26个指标来看，滨江区居民的不文明现象发生率排在前五位的是：

①投放垃圾时没有进行分类投放（公共卫生，53.49%）

②扔垃圾时没有扔进垃圾箱（公共卫生，26.75%）

③在禁烟场所抽烟（公共卫生，26.32%）

④遛宠物时不主动清理宠物粪便（公共卫生，26.09%）

⑤乘车时上下车不排队（公共秩序，14.52%）

不文明现象发生率排在后十位的是：

①在马路边或小区内违章停车（公共秩序，0.08%）

②随地吐痰（公共卫生，0.69%）

③机动车在斑马线前不礼让行人（公共秩序，0.82%）

④机动车与他人抢道、抢行或插车（公共秩序，1.34%）

⑤在社区/村内没有主动为他人提供方便或帮助（公共交往，1.55%）

⑥乱写乱画，攀登或脚踏雕塑和碑碣等公物（公共秩序，1.71%）

⑦没有照管好小孩而任其到处乱跑或喧哗（公共观赏，2.08%）

⑧随意踩踏草坪和花木（公共秩序，2.96%）

⑨行人逆向上下台阶（公共秩序，3.65%）

⑩相互之间大声交谈不顾及他人（公共交往，3.69%）

在这 10 个指标中，属于公共秩序方面的，有 6 个；属于公共交往方面的，有 2 个；属于公共卫生和公共观赏方面的，各有 1 个。其中，"在马路边或小区内违章停车"的不文明现象发生率很低有多方面原因，未必能完全说明市民的文明程度就高。滨江区作为杭州的城市新区，在道路通畅度、公共设施配套（如停车位）等方面都优于主城区其他区域。

2014 年杭州市民公共文明指数调查
现场观测报告（萧山区）

根据《杭州市民文明素养指数调查实施方案》的要求，课题组于 2014 年 11 月 27～29 日对全区 15 个观测点的市民在早上、中午、傍晚和双休日不同时间段的文明素养状况展开了观测调查，现就观测情况形成如下报告。

一　萧山区现场观测总体情况

　　萧山区选取的 15 个现场观测点是佳境天城成合苑、流金广场、建设四路和市心北路交叉路口、永泰丰广场、市心北路建设三路公交车站、世纪华联、时代广场公交车站、北山公园、萧山博物馆、城厢成人文化技校、体育路和市心南路交叉路口、萧山区第一医院以及区内 2 条公交线路和 1 家电影院。

　　从图 1 可以看出，萧山区四个时间段所观测总流量为 75190 人次，其中不文明现象发生量为 5385 人次，不文明现象总体发生率为 7.16%。07:00 ~ 09:00 和 16:00 ~ 18:00 两个时段的不文明现象发生率最高，分别为 8.52% 和 7.82%，均高于全区不文明现象总体发生率；13:00 ~ 15:00 时段的不文明现象发生率最低，为 5.92%。

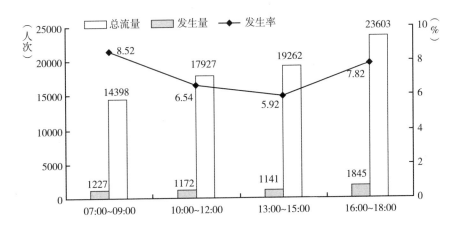

图 1　萧山区各时段所观测总流量、不文明现象发生量与不文明现象发生率

　　萧山区在四个方面中，不文明现象发生率由高到低依次为公共观赏、公共卫生、公共秩序和公共交往。其中，公共观赏方面的不文明现象发生率最高（35.42%），其次是公共卫生方面（9.50%）和公共秩序方面

（7.23%），这三个方面的不文明现象发生率均高于全区不文明现象总体发生率。公共交往方面的不文明现象发生率最低，为 3.57%（见图 2）。

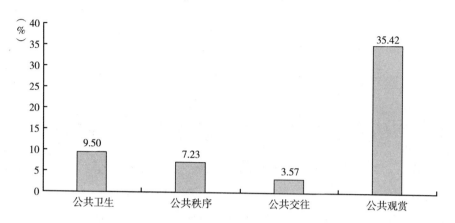

图 2　萧山区四个方面不文明现象发生率

二　四个方面各项指标情况

（一）公共卫生方面

在公共卫生方面的 6 个指标中，萧山区所观测总流量为 12404 人次，其中不文明现象发生量为 1179 人次，不文明现象发生率为 9.50%。从各项指标来看，萧山区居民的不文明现象发生率最高的是"投放垃圾时没有进行分类投放"（76.45%）、"打喷嚏时没有遮掩"（46.98%）、"遛宠物时不主动清理宠物粪便"（26.09%）、"扔垃圾时没有扔进垃圾箱"（15.96%），这 4 个指标的不文明现象发生率均高于全区公共卫生方面的不文明现象总体发生率。不文明现象发生率最低的是"随地吐痰"，为 4.39%（见图 3）。

从时间段来看，萧山区居民在 07：00～09：00 时段的不文明现象发生率最高（13.00%），高于全区公共卫生方面的不文明现象总体发生率。其他三个时段的不文明现象发生率都低于全区公共卫生方面的不文明现象总体发

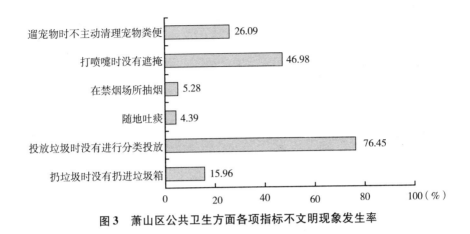

图3 萧山区公共卫生方面各项指标不文明现象发生率

生率，其中13:00～15:00时段的不文明现象发生率最低，为7.31%（见图4）。

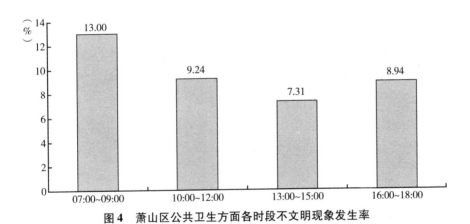

图4 萧山区公共卫生方面各时段不文明现象发生率

（二）公共秩序方面

在公共秩序方面的10个指标中，萧山区所观测总流量为53207人次，其中不文明现象发生量为3849人次，不文明现象发生率为7.23%。从各项指标来看，"行人逆向上下台阶"（20.76%）、"行人/非机动车过马路时不遵守交通规则"（14.38%）和"随意踩踏草坪和花木"（8.04%）这3个指标的不文明现象发生率最高，高于全区公共秩序方面的不文明现象总体发生率。"乱写乱画，攀登或脚踏雕塑和碑碣等公物"的不文明现象发生率最低，为 1.73%（见图 5）。

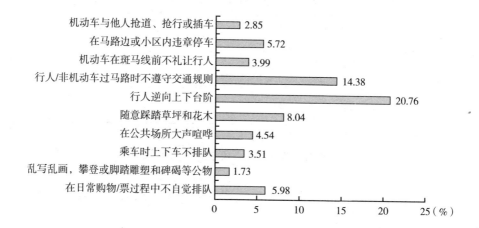

图5　萧山区公共秩序方面各项指标不文明现象发生率

从时间段来看，萧山区居民在四个时段的不文明现象发生率依次是 07:00~09:00 时段为 8.15%，10:00~12:00 时段为 6.42%，13:00~15:00 时段为 6.05%，16:00~18:00 时段为 8.26%。其中，16:00~18:00 时段的不文明现象发生率最高，13:00~15:00 时段的不文明现象发生率最低（见图6）。

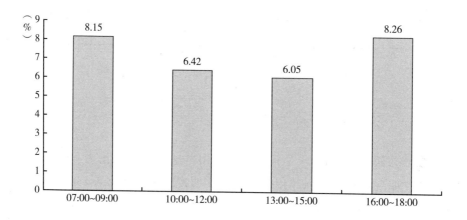

图6　萧山区公共秩序方面各时段不文明现象发生率

（三）公共交往方面

在公共交往方面的6个指标中，萧山区所观测总流量为9531人次，其中不文明现象发生量为340人次，不文明现象发生率为3.57%。图7显示，"没有给老、弱、病、残、孕及怀抱婴儿者让座"（10.56%）和"向陌生人问路时没有礼貌回应"（6.70%）这2个指标的不文明现象发生率最高，大大高于全区公共交往方面的不文明现象总体发生率。"与人交往时没有礼貌"的不文明现象发生率最低，为0.61%。

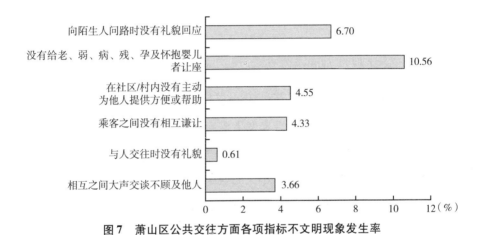

图7　萧山区公共交往方面各项指标不文明现象发生率

从时间段来看，07:00~09:00时段所观测总流量为1885人次，其中不文明现象发生量为74人次，不文明现象发生率为3.93%；10:00~12:00时段所观测总流量为2387人次，其中不文明现象发生量为84人次，不文明现象发生率为3.52%；13:00~15:00时段所观测总流量为2643人次，其中不文明现象发生量为97人次，不文明现象发生率为3.67%；16:00~18:00时段所观测总流量为2616人次，其中不文明现象发生量为85人次，不文明现象发生率为3.25%。对比发现，萧山区各时段的不文明现象发生率比较均衡，07:00~09:00和13:00~15:00这两个时段的不文明现象发生率高于全区公共交往方面的不文明现象总体发生率，分别为3.93%和3.67%；而16:00~18:00时段的不文明现象发生率最低，为3.25%（见图8）。

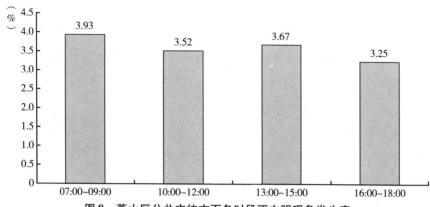

图8　萧山区公共交往方面各时段不文明现象发生率

（四）公共观赏方面

在公共观赏方面的 4 个指标中，萧山区所观测总流量为 48 人次，不文明现象发生量为 17 人次，不文明现象发生率为 35.42%。其中，"不按时入场、退场"发生量为 4 人次，不文明现象发生率为 8.33%；"手机出现声音（包括短信等提示）"发生量为 6 人次，不文明现象发生率为 12.50%；"交头接耳，大声喧哗"发生量为 5 人次，不文明现象发生率为 10.42%；"没有照管好小孩而任其到处乱跑或喧哗"发生量为 2 人次，不文明现象发生率为 4.17%。由图 9 可以看出，"手机出现声音（包括短信等提示）"的不文明现象发生率最高，"没有照管好小孩而任其到处乱跑或喧哗"的不文明现象发生率最低。

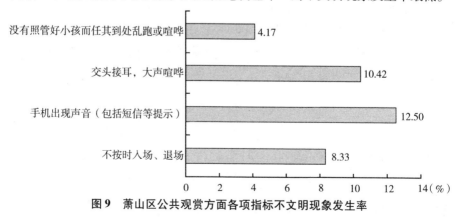

图9　萧山区公共观赏方面各项指标不文明现象发生率

从时间段来看，萧山区的观影时间选择在10：00～12：00时段，所以07：00～09：00、13：00～15：00和16：00～18：00三个时段的数据空缺。10：00～12：00时段的不文明现象发生率为35.42%（见图10）。

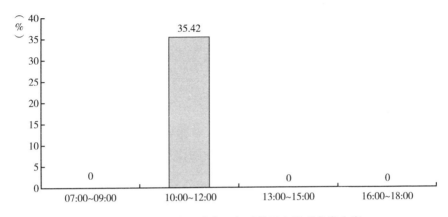

图10　萧山区公共观赏方面各时段不文明现象发生率

三　基本判断

从四个方面的情况来看，萧山区公共交往方面的不文明现象发生率最低（3.57%），其余三个方面的不文明现象发生率都高于全区不文明现象总体发生率（7.16%），其中公共观赏方面的不文明现象发生率最高（35.42%），这主要是因为萧山区的观测点涉及较多的城乡接合部，市民的文明行为习惯有待进一步养成。具体到每一个指标，在公共卫生方面，"随地吐痰"（4.39%）和"在禁烟场所抽烟"（5.28%）这2个指标的不文明现象发生率最低，而"投放垃圾时没有进行分类投放"的不文明现象发生率最高（76.45%），这说明萧山区居民在倡导垃圾分类方面的意识有待增强。在公共秩序方面，有3个指标的不文明现象发生率高于全区公共秩序方面的不文明现象总体发生率，分别是"行人逆向上下台阶"（20.76%）、"行人/非机动车过马路时不遵守交通规则"（14.38%）和"随意踩踏草坪和花木"（8.04%），其余7个指标的不文明现象发生率都低于全区公共秩序方面的不文明现象总体发生率，这说明萧山区居民在遵守公共秩序方面，行人/非机动车的公共交通意识还比较薄弱。在公共交往方面，"与人交往时没有礼貌"的不文明现象发生率最低（0.61%），而"没有给老、弱、病、残、孕及怀抱婴儿者让座"（10.56%）和"向陌生人问路时没有礼貌回应"（6.70%）这 2 个指标的不文明现象发生率最高，大大高于全区公共交往方面的不文明现象总体发生率。在公共观赏方面，"没有照管好小孩而任其到处乱跑或喧哗"的不文明现象发生率最低（4.17%），而"手机出现声音（包括短信等提示）"的不文明现象发生率最高（12.50%）。

从现场观测时间段来看，萧山区在公共卫生、公共秩序和公共交往方面的不文明现象发生率在早上或晚上两个时段最高，其中公共卫生和公共交往方面的不文明现象发生率在07：00~09：00 时段最高，公共秩序方面的不文明现象发生率在16：00~18：00 时段最高，这与市民的日常作息时间和生活规律有关。而公共观赏方面的不文明现象发生率在10：00~12：00 时段最高，这主要受观影时间影响。

从四个方面共 26 个指标来看，萧山区居民的不文明现象发生率排在前五位的是：

①投放垃圾时没有进行分类投放（公共卫生，76.45%）
②打喷嚏时没有遮掩（公共卫生，46.98%）
③遛宠物时不主动清理宠物粪便（公共卫生，26.09%）
④行人逆向上下台阶（公共秩序，20.76%）
⑤扔垃圾时没有扔进垃圾箱（公共卫生，15.96%）

不文明现象发生率排在后十位的是：

①与人交往时没有礼貌（公共交往，0.61%）
②乱写乱画，攀登或脚踏雕塑和碑碣等公物（公共秩序，1.73%）
③机动车与他人抢道、抢行或插车（公共秩序，2.85%）
④乘车时上下车不排队（公共秩序，3.51%）

⑤相互之间大声交谈不顾及他人（公共交往，3.66%）

⑥机动车在斑马线前不礼让行人（公共秩序，3.99%）

⑦没有照管好小孩而任其到处乱跑或喧哗（公共观赏，4.17%）

⑧乘客之间没有相互谦让（公共交往，4.33%）

⑨随地吐痰（公共卫生，4.39%）

⑩在公共场所大声喧哗（公共秩序，4.54%）

在这10个指标中，属于公共秩序方面的，有5个；属于公共交往方面的，有3个；属于公共卫生和公共观赏方面的，各有1个。这说明萧山区近年来在加强机动车管理和道路交通安全方面取得了很大成效。

2014年杭州市民公共文明指数调查
现场观测报告（余杭区）

根据《杭州市民文明素养指数调查实施方案》的要求，课题组于2014年11月28日~12月1日分三组对全区15个观测点的市民在早上、中午、傍晚和双休日不同时间段的文明素养状况展开了观测调查，现就观测情况形成如下报告。

一 余杭区现场观测总体情况

余杭区选取的15个现场观测点是地铁1号线临平站、余杭临平时代广场、余杭区第一医院、金桥花苑、临平公园、余杭育才小学、余杭临平沃尔玛购物中心、中国江南水乡文化博物馆、五常街道社会服务管理中心、五常大道和联胜路交叉路口、余杭汽车站、老余杭农贸市场以及区内2条公交线路和1家电影院。

从图1可以看出，余杭区四个时间段所观测总流量为206425人次，不文明现象发生量为3889人次，不文明现象总体发生率为1.88%。其中，

16:00~18:00 和 13:00~15:00 这两个时段的不文明现象发生率最高,分别为 2.22% 和 2.11%,高于全区不文明现象总体发生率。10:00~12:00 时段的不文明现象发生率最低,为 1.57%。

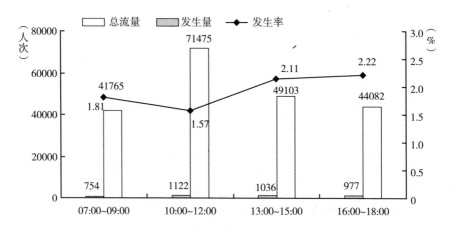

图 1　余杭区各时段所观测总流量、不文明现象发生量与不文明现象发生率

余杭区在四个方面中,不文明现象发生率由高到低依次为公共观赏、公共秩序、公共卫生和公共交往。其中,公共观赏方面的不文明现象发生率最高,为 29.17%,大大高于全区不文明现象总体发生率。公共交往方面的不文明现象发生率最低,为 1.48%(见图 2)。

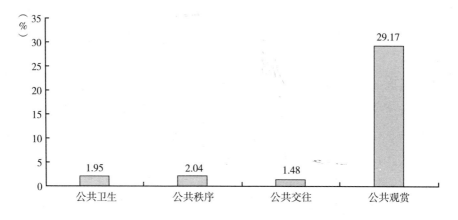

图 2　余杭区四个方面不文明现象发生率

二 四个方面各项指标情况

（一）公共卫生方面

在公共卫生方面的6个指标中，余杭区所观测总流量为47731人次，其中不文明现象发生量为930人次，不文明现象发生率为1.95%。从各项指标来看，有4个指标的不文明现象发生率高于全区公共卫生方面的不文明现象总体发生率，分别是"投放垃圾时没有进行分类投放"（36.03%）、"打喷嚏时没有遮掩"（33.53%）、"遛宠物时不主动清理宠物粪便"（21.82%）和"扔垃圾时没有扔进垃圾箱"（8.95%）。不文明发生率最低的是"在禁烟场所抽烟"，为0.32%（见图3）。.

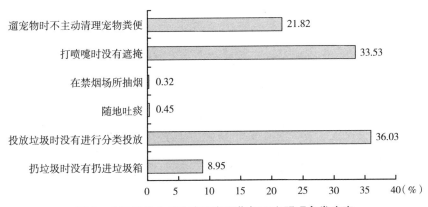

图3 余杭区公共卫生方面各项指标不文明现象发生率

从时间段来看，余杭区居民在13∶00～15∶00和07∶00～09∶00这两个时段的不文明现象发生率最高，分别为2.34%和2.33%，均高于全区公共卫生方面的不文明现象总体发生率。10∶00～12∶00时段的不文明现象发生率最低，为1.62%（见图4）。

（二）公共秩序方面

在公共秩序方面的10个指标中，余杭区所观测总流量为107639人次，

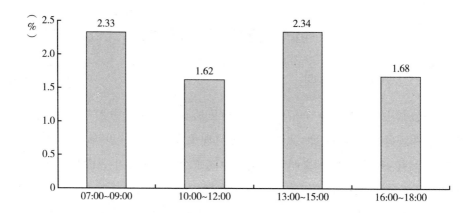

图4　余杭区公共卫生方面各时段不文明现象发生率

其中不文明现象发生量为2191人次，不文明现象发生率为2.04%。从各项指标来看，"行人逆向上下台阶"（11.53%）、"在马路边或小区内违章停车"（3.70%）和"行人/非机动车过马路时不遵守交通规则"（3.35%）这3个指标的不文明现象发生率最高，高于全区公共秩序方面的不文明现象总体发生率。而"在日常购物/票过程中不自觉排队"的不文明现象发生率最低，为0.38%（见图5）。

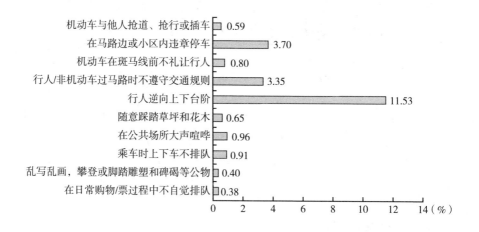

图5　余杭区公共秩序方面各项指标不文明现象发生率

从时间段来看，余杭区居民在16：00～18：00时段的不文明现象发生率最高（2.62%），在10：00～12：00时段的不文明现象发生率最低（1.74%），这与人们的日常工作、生活习惯有关（见图6）。

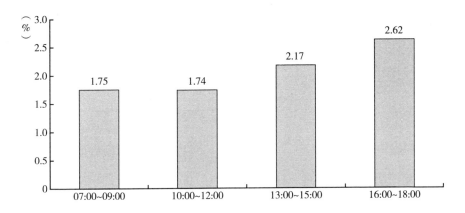

图6　余杭区公共秩序方面各时段不文明现象发生率

（三）公共交往方面

在公共交往方面的6个指标中，余杭区所观测总流量为51007人次，其中不文明现象发生量为754人次，不文明现象发生率为1.48%。图7显示，"向陌生人问路时没有礼貌回应"（6.75%）和"没有给老、弱、病、残、孕及怀抱婴儿者让座"（6.19%）这2个指标的不文明现象发生率最高，大大高于全区公共交往方面的不文明现象总体发生率。不文明现象发生率最低的是"相互之间大声交谈不顾及他人"，为1.05%。

从时间段来看，07：00～09：00时段所观测总流量为9635人次，其中不文明现象发生量为148人次，不文明现象发生率为1.54%；10：00～12：00时段所观测总流量为18614人次，其中不文明现象发生量为225人次，不文明现象发生率为1.21%；13：00～15：00时段所观测总流量为12285人次，其中不文明现象发生量为214人次，不文明现象发生率为1.74%；16：00～18：00时段所观测总流量为10473人次，其中不文明现象发生量为167人次，不文明现象

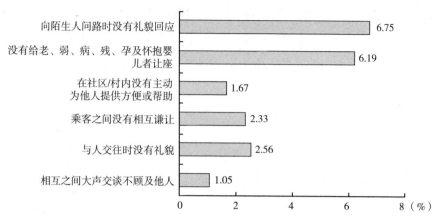

图7　余杭区公共交往方面各项指标不文明现象发生率

发生率为 1.59%。对比发现，只有 10：00～12：00 时段的不文明现象发生率低于全区公共交往方面的不文明现象总体发生率，为 1.21%；其他三个时段的不文明现象发生率都高于全区公共交往方面的不文明现象总体发生率，其中不文明现象发生率最高的是 13：00～15：00 时段，为 1.74%（见图8）。

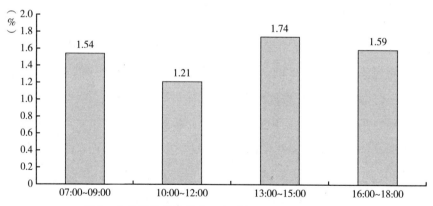

图8　余杭区公共交往方面各时段不文明现象发生率

（四）公共观赏方面

在公共观赏方面的 4 个指标中，余杭区所观测总流量为 48 人次，不文明现象发生量为 14 人次，不文明现象发生率为 29.17%。其中，"不按时入

场、退场"发生量为 3 人次，不文明现象发生率为 6.25%；"手机出现声音
（包括短信等提示）"发生量为 5 人次，不文明现象发生率为 10.42%；"交
头接耳，大声喧哗"发生量为 4 人次，不文明现象发生率为 8.33%；"没有
照管好小孩而任其到处乱跑或喧哗"发生量为 2 人次，不文明现象发生率
为 4.17%。由图 9 可以看出，"手机出现声音（包括短信等提示）"的不文
明现象发生率最高，为 10.42%。

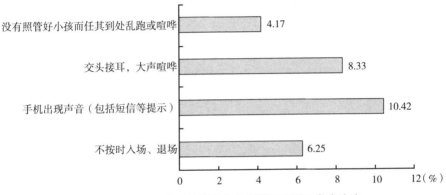

图 9　余杭区公共观赏方面各项指标不文明现象发生率

从时间段来看，余杭区的观影时间选择在 16：00～18：00 时段，所以
07：00～09：00、10：00～12：00 和 13：00～15：00 这三个时段的数据空缺。
16：00～18：00 时段的不文明现象发生率为 29.17%（见图 10）。

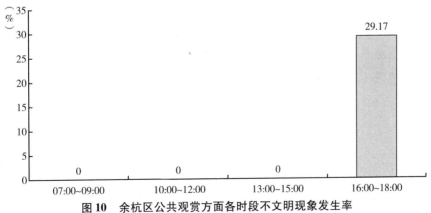

图 10　余杭区公共观赏方面各时段不文明现象发生率

三 基本判断

从四个方面的情况来看，余杭区公共交往方面的不文明现象发生率最低（1.48%），低于全区不文明现象总体发生率（1.88%），公共观赏方面的不文明现象发生率最高（29.17%），这说明余杭区居民的公共观赏文明习惯需要改善。具体到每一个指标，在公共卫生方面，"在禁烟场所抽烟"（0.32%）和"随地吐痰"（0.45%）这2个指标的不文明现象发生率最低，而"投放垃圾时没有进行分类投放"（36.03%）和"打喷嚏时没有遮掩"（33.53%）这2个指标的不文明现象发生率最高，这说明余杭区居民在倡导垃圾分类和养成日常文明行为习惯方面有待加强。在公共秩序方面，不文明现象发生率最低的是"在日常购物/票过程中不自觉排队"（0.38%），最高的是"行人逆向上下台阶"（11.53%），这说明余杭区居民的道路交通安全意识需要进一步增强。在公共交往方面，"相互之间大声交谈不顾及他人"的不文明现象发生率最低（1.05%），而"向陌生人问路时没有礼貌回应"（6.75%）和"没有给老、弱、病、残、孕及怀抱婴儿者让座"（6.19%）这2个指标的不文明现象发生率最高，大大高于全区公共交往方面的不文明现象总体发生率。在公共观赏方面，"没有照管好小孩而任其到处乱跑或喧哗"的不文明现象发生率最低，为4.17%；"手机出现声音（包括短信等提示）"的不文明现象发生率最高，为10.42%。

从现场观测时间段来看，余杭区在公共卫生和公共交往两个方面的不文明现象发生率在13:00~15:00时段最高，而公共秩序和公共观赏方面的不文明现象发生率在16:00~18:00时段最高，这与区内市民的日常作息时间和生活规律有关。

从四个方面共26个指标来看，余杭区居民的不文明现象发生率排在前五位的是：

①投放垃圾时没有进行分类投放（公共卫生，36.03%）

②打喷嚏时没有遮掩（公共卫生，33.53%）

③遛宠物时不主动清理宠物粪便（公共卫生，21.82%）

④行人逆向上下台阶（公共秩序，11.53%）

⑤手机出现声音（包括短信等提示）（公共观赏，10.42%）

不文明现象发生率排在后十位的是：

①在禁烟场所抽烟（公共卫生，0.32%）

②在日常购物/票过程中不自觉排队（公共秩序，0.38%）

③乱写乱画，攀登或脚踏雕塑和碑碣等公物（公共秩序，0.40%）

④随地吐痰（公共卫生，0.45%）

⑤机动车与他人抢道、抢行或插车（公共秩序，0.59%）

⑥随意踩踏草坪和花木（公共秩序，0.65%）

⑦机动车在斑马线前不礼让行人（公共秩序，0.80%）

⑧乘车时上下车不排队（公共秩序，0.91%）

⑨在公共场所大声喧哗（公共秩序，0.96%）

⑩相互之间大声交谈不顾及他人（公共交往，1.05%）

在这 10 个指标中，属于公共秩序方面的，有 7 个；属于公共卫生方面的，有 2 个；属于公共交往方面的，有 1 个。这与其他几个区情况相似，余杭区居民在公共秩序方面的表现比较好。

附　　录

附录1　2014年杭州市民公共文明
指数调查问卷

表　　号：hzwmzs1 表

制定机关：杭州市社会科学界联合会

　　　　　杭州市社会科学院

批准机关：杭州市统计局

批准文号：杭统〔2014〕144 号

2014 年杭州市民公共文明
指数调查问卷

制表单位：杭州市社会科学界联合会

　　　　　杭州市社会科学院

您好！

我是杭州市民公共文明指数调查组的访问员，为进一步完善杭州市文明城市建设，受杭州市精神文明建设委员会办公室的委托，我们正在进行一项有关杭州市民公共文明指数方面的调查，非常感谢您的支持和配合！我们会对您的个人信息严格保密！

受访者基本信息

区域：①上城区 ②下城区 ③江干区 ④拱墅区 ⑤西湖区 ⑥滨江区 ⑦萧山区 ⑧余杭区

性别：①男 ②女

年龄：①16～24岁 ②25～34岁 ③35～44岁 ④45～54岁 ⑤55～64岁 ⑥65～69岁 ⑦未注明

学历：①小学及以下 ②初中 ③高中/中专 ④大专 ⑤本科 ⑥研究生及以上 ⑦未注明

政治面貌：①群众 ②共青团员 ③中共党员 ④民主党派 ⑤未注明

在杭州居住年限：①5年及以下 ②6～10年 ③11～20年 ④21年及以上 ⑤未注明

职业：①机关行政人员 ②事业单位人员 ③企业管理人员 ④企业普通职工 ⑤个体经营者 ⑥自由职业者 ⑦学生 ⑧务农 ⑨待业人员 ⑩离退休人员 ⑪其他

户籍：①杭州城镇 ②杭州农村 ③外地城镇 ④外地农村

A卷　客评部分

【填写说明：本部分为打分题，在每个分数段之间有1分的间隔，您可以根据实际情况，给下列各项打分。】

A1. 您所见他人在 公共卫生 方面的行为表现是怎样的？

问题	很普遍（好）	比较普遍（较好）	一般（一般）	偶尔有（较差）	从来没有（差）
Q1. 把垃圾扔进垃圾箱	5	4	3	2	1
Q2. 垃圾分类投放	5	4	3	2	1
Q3. 不随地吐痰	5	4	3	2	1
Q4. 不在公共场所抽烟	5	4	3	2	1
Q5. 打喷嚏时,有所遮掩	5	4	3	2	1
Q6. 遛宠物时,主动清理宠物粪便	5	4	3	2	1

A2. 您所见他人在 公共秩序 方面的行为表现是怎样的？

问题	很普遍（好）	比较普遍（较好）	一般（一般）	偶尔有（较差）	从来没有（差）
Q7. 在日常购物/票过程中自觉排队	5	4	3	2	1
Q8. 上下车排队	5	4	3	2	1
Q9. 在公共场所不大声喧哗	5	4	3	2	1
Q10. 爱护栏杆、指示牌等公物	5	4	3	2	1
Q11. 不踩踏草坪和花木	5	4	3	2	1
Q12. 不乱写乱画,不攀登或脚踏雕塑和碑碣等公物	5	4	3	2	1
Q13. 过马路时遵守交通规则	5	4	3	2	1
Q14. 机动车在斑马线前礼让行人	5	4	3	2	1
Q15. 在马路边或小区内有序停车	5	4	3	2	1
Q16. 不与他人抢道、抢行或插车	5	4	3	2	1
Q17. 公共场所出现混乱时,主动维护秩序	5	4	3	2	1
Q18. 遛宠物时,注意把宠物拴好	5	4	3	2	1

A3. 您所见他人在 公共交往 方面的行为表现是怎样的?

问题	很普遍（好）	比较普遍（较好）	一般（一般）	偶尔有（较差）	从来没有（差）
Q19. 低声交谈	5	4	3	2	1
Q20. 乘客之间相互谦让	5	4	3	2	1
Q21. 与他人交流时面带微笑,态度和蔼	5	4	3	2	1
Q22. 与人交往时有礼貌	5	4	3	2	1
Q23. 主动为别人让路	5	4	3	2	1
Q24. 在社区/村内主动为他人提供方便或帮助	5	4	3	2	1
Q25. 给老、弱、病、残、孕及怀抱婴儿者让座	5	4	3	2	1

A4. 您所见他人在电影院或剧场内 公共观赏 方面的行为表现是怎样的?

问题	很普遍（好）	比较普遍（较好）	一般（一般）	偶尔有（较差）	从来没有（差）
Q26. 按时入场、退场	5	4	3	2	1
Q27. 手机调为静音或振动	5	4	3	2	1
Q28. 安静观赏	5	4	3	2	1
Q29. 适时给予掌声鼓励	5	4	3	2	1

A5. 您所见他人在 公益服务 方面的行为表现是怎样的?

问题	很普遍（好）	比较普遍（较好）	一般（一般）	偶尔有（较差）	从来没有（差）
Q30. 参加献血、捐款等活动	5	4	3	2	1
Q31. 参加社会(社区)公益活动	5	4	3	2	1
Q32. 参加志愿者服务	5	4	3	2	1
Q33. 自发做些公益服务	5	4	3	2	1
Q34. 鼓励身边的人参与公益服务	5	4	3	2	1

A6. 您所见他人在 网络文明 方面的行为表现是怎么样的？

问题	很普遍（好）	比较普遍（较好）	一般（一般）	偶尔有（较差）	从来没有（差）
Q35. 文明用语，不谩骂、攻击他人	5	4	3	2	1
Q36. 不浏览/传播色情、暴力、封建迷信等不良信息	5	4	3	2	1
Q37. 不听信/散布谣言，不传播虚假信息	5	4	3	2	1

B 卷　主评部分

【填写说明：本部分为打分题，在每个分数段之间有 1 分的间隔，您可以根据实际情况，给下列各项打分。】

B1. 请问您对自己在 公共卫生 方面的行为表现如何评价？

问题	已成习惯	比较注意	无所谓	很少注意	不注意
Q38. 不随地丢垃圾	5	4	3	2	1
Q39. 如果垃圾没有准确投入垃圾箱，会主动捡起，重新投入	5	4	3	2	1
Q40. 垃圾分类投放	5	4	3	2	1
Q41. 不随地吐痰	5	4	3	2	1
Q42. 不在公共场所抽烟	5	4	3	2	1
Q43. 打喷嚏时，注意有所遮掩	5	4	3	2	1
Q44. 亲友感冒咳嗽时，提醒他们外出戴口罩	5	4	3	2	1
Q45. 遛宠物时，主动清理宠物粪便	5	4	3	2	1
Q46. 按时给宠物打疫苗	5	4	3	2	1

B2. 请问您对自己在 公共秩序 方面的行为表现如何评价?

问题	已成习惯	比较注意	无所谓	很少注意	不注意
Q47. 在日常购物/票过程中自觉排队	5	4	3	2	1
Q48. 有人插队时,主动制止,维护秩序	5	4	3	2	1
Q49. 在公共场所不大声喧哗	5	4	3	2	1
Q50. 爱护栏杆、指示牌等公物	5	4	3	2	1
Q51. 不踩踏草坪和花木	5	4	3	2	1
Q52. 不乱写乱画,不攀登或脚踏雕塑和碑碣等公物	5	4	3	2	1
Q53. 过马路时遵守交通规则	5	4	3	2	1
Q54. 有人闯红灯时,仍自觉等候绿灯通行	5	4	3	2	1
Q55. 机动车在斑马线前礼让行人	5	4	3	2	1
Q56. 不乱停车	5	4	3	2	1
Q57. 不与他人抢道、抢行或插车	5	4	3	2	1
Q58. 注意上下车排队	5	4	3	2	1
Q59. 遛宠物时,注意把宠物拴好	5	4	3	2	1
Q60. 开会时手机调为静音或振动	5	4	3	2	1

B3. 请问您对自己在 公共交往 方面的行为表现如何评价?

问题	已成习惯	比较注意	无所谓	很少注意	不注意
Q61. 与他人交流时面带微笑,态度和蔼	5	4	3	2	1
Q62. 别人向您问路时,详细回答	5	4	3	2	1
Q63. 与人交往时有礼貌	5	4	3	2	1
Q64. 给老、弱、病、残、孕及怀抱婴儿者让座	5	4	3	2	1

B4. 请问您对自己在 公共观赏 方面的行为表现如何评价？

问题	已成习惯	比较注意	无所谓	很少注意	不注意
Q65. 按时入场、退场	5	4	3	2	1
Q66. 手机调为静音或振动	5	4	3	2	1
Q67. 安静观赏	5	4	3	2	1
Q68. 适时给予掌声鼓励	5	4	3	2	1

B5. 请问您对自己在 公益服务 方面的行为表现如何评价？

问题	已成习惯	比较注意	无所谓	很少注意	不注意
Q69. 参加社会(社区)公益活动	5	4	3	2	1
Q70. 主动为他人提供方便或帮助	5	4	3	2	1
Q71. 学习掌握基本急救技能	5	4	3	2	1
Q72. 自发做些公益服务	5	4	3	2	1
Q73. 鼓励身边的人参与公益服务	5	4	3	2	1

B6. 请问您对自己在 网络文明 方面的行为表现如何评价？

问题	已成习惯	比较注意	无所谓	很少注意	不注意
Q74. 文明用语,不谩骂、攻击他人	5	4	3	2	1
Q75. 不浏览/传播色情、暴力、封建迷信等不良信息	5	4	3	2	1
Q76. 不听信/散布谣言,不传播虚假信息	5	4	3	2	1

C 卷　认知部分

【填写说明：本部分为选择题，分为"单选题"和"多选题"，请根据自己的判断，做出选择。】

Q77. 您是否了解杭州市在 2011 年被评为"全国文明城市"？（　　）

A. 非常了解　　B. 了解　　C. 不太了解　　D. 不了解

Q78. 党的十八大报告用 24 个字，分别从国家、社会、公民三个层面概括了社会主义核心价值观，具体是指什么？（　　　）（多选）

A. 富强、民主、文明、和谐

B. 自由、平等、公正、法治

C. 爱国、敬业、诚信、友善

D. 自强、自立、自尊、自爱

Q79. "培育和弘扬社会主义核心价值观必须立足中华优秀传统文化，使中华优秀传统文化成为涵养社会主义核心价值观的重要源泉。"您对这个观点有何看法？（　）

A. 非常赞同　B. 赞同　C. 不赞同　D. 非常不赞同　E. 不了解

Q80. 杭州从 2011 年开始连续多年开展"我们的价值观"主题实践活动，您对此是否了解？（　）

A. 非常了解　　　B. 了解　　　C. 不太了解　　　D. 不了解

Q81. 以下属于杭州本地道德模范的是？（　　　）（多选）

A. 孔胜东　B. 郭明义　C. 吴菊萍　D. 吴斌　E. 龚全珍　F. 黄小荣

| 受访者签名：_____ | 联系电话：_____ |
| | 电子邮箱：_____＠_____ |
| 被访居民家庭详细地址：_____ 区、县（市）_____ 街道 _____ |
| 访问员签名：_____ 访问员编号：_____ | 访问日期：____月____日 |

＝＝＝＝＝＝＝＝＝调查结束，感谢您的支持！＝＝＝＝＝＝＝＝＝

附录2 2014年杭州市民公共文明指数一览

2014 年杭州市民公共文明指数一览

指　　标	指数		
	主评	客评	综合
总指数	90.33	79.16	83.63
A 公共卫生	89.60	74.90	80.78
A1 把垃圾扔进垃圾箱(不随地丢垃圾)	92.40	84.00	87.36
A2 垃圾分类投放	80.80	68.60	73.48
A3 不随地吐痰	92.00	77.20	83.12
A4 不在公共场所抽烟	93.20	73.00	81.08
A5 打喷嚏时,有所遮掩	91.60	76.00	82.24
A6 遛宠物时,主动清理宠物粪便	87.60	70.60	77.40
B 公共秩序	92.80	80.31	85.31
B1 在日常购物/票过程中自觉排队	95.80	87.60	90.88
B2 在公共场所不大声喧哗	92.00	77.20	83.12
B3 爱护栏杆、指示牌等公物	93.40	82.40	86.80
B4 不踩踏草坪和花木	92.20	79.80	84.76
B5 不乱写乱画,不攀登或脚踏雕塑和碑碣等公物	94.40	82.40	87.20
B6 过马路时遵守交通规则	93.00	80.00	85.20
B7 机动车在斑马线前礼让行人	92.40	82.20	86.28
B8 在马路边或小区内有序停车	92.00	79.40	84.44
B9 不与他人抢道、抢行或插车	91.60	76.00	82.24
B10 上下车排队	92.80	80.40	85.36
B11 遛宠物时,注意把宠物拴好	91.20	76.00	82.08
C 公共交往	93.20	82.10	86.54
C1 与他人交流时面带微笑,态度和蔼	92.20	81.00	85.48
C2 与人交往时有礼貌	93.80	82.40	86.96
C3 主动为他人提供方便或帮助(陌生人问路时,详细回答)	93.20	79.00	84.68
C4 给老、弱、病、残、孕及怀抱婴儿者让座	93.60	86.00	89.04

续表

指　　标	指数		
	主评	客评	综合
D 公共观赏	92.00	81.80	85.88
D1 按时入场、退场	93.40	85.80	88.84
D2 手机调为静音或振动	91.80	79.60	84.48
D3 安静观赏	92.80	79.80	85.00
D4 适时给予掌声鼓励	90.20	81.60	85.04
E 公益服务	81.00	74.87	77.32
E1 参加社会(社区)公益活动	84.20	77.80	80.36
E2 自发做些公益服务	79.00	73.20	75.52
E3 鼓励身边的人参与公益服务	79.80	73.60	76.08
F 网络文明	93.40	81.00	85.96
F1 文明用语,不谩骂、攻击他人	93.60	80.20	85.56
F2 不浏览/传播色情、暴力、封建迷信等不良信息	93.20	81.20	86.00
F3 不听信/散布谣言,不传播虚假信息	93.60	81.40	86.28

附录3 2014年杭州市民公共文明指数调查（现场观测）记录汇总表

杭州市民公共文明指数调查（现场观测）记录汇总表

指标		07:00~09:00			10:00~12:00			13:00~15:00			16:00~18:00			各时段汇总		
		发生量	总流量	发生率	发生量	总流量	发生率	发生量	总流量	发生率	发生量	总流量	发生率	发生量	总流量	发生率
公共卫生	扔垃圾时没有扔进垃圾箱	450	2451	18.36	390	2447	15.94	357	1825	19.56	518	2454	21.11	1715	9177	18.69
	投放垃圾时没有进行分类投放	810	2443	33.16	910	2435	37.37	732	1820	40.22	878	2432	36.10	3330	9130	36.47
	随地吐痰	519	47976	1.08	379	69639	0.54	340	59403	0.57	475	76193	0.62	1713	253211	0.68
	在禁烟场所抽烟	183	14351	1.28	262	25545	1.03	222	23724	0.94	292	31108	0.94	959	94728	1.01
	打喷嚏时没有遮掩	325	1273	25.53	284	1068	26.59	288	1098	26.23	450	1391	32.35	1347	4830	27.89
	遛宠物时不主动清理宠物粪便	23	126	18.25	51	148	34.46	46	170	27.06	20	93	21.51	140	537	26.07

附录3 2014年杭州市民公共文明指数调查（现场观测）记录汇总表

	指标	07:00~09:00 发生量	07:00~09:00 总流量	07:00~09:00 发生率	10:00~12:00 发生量	10:00~12:00 总流量	10:00~12:00 发生率	13:00~15:00 发生量	13:00~15:00 总流量	13:00~15:00 发生率	16:00~18:00 发生量	16:00~18:00 总流量	16:00~18:00 发生率	各时段汇总 发生量	各时段汇总 总流量	各时段汇总 发生率
公共秩序	在日常购物/票过程中不自觉排队	397	12504	3.17	629	27059	2.32	280	15980	1.75	983	31913	3.08	2289	87456	2.62
	乱写乱画、攀登或脚踏雕塑和碑碣等公物	85	11723	0.73	125	21996	0.57	89	12201	0.73	108	23180	0.47	407	69100	0.59
	乘车时上下车不排队	825	12017	6.87	175	8198	2.13	370	11405	3.24	555	11353	4.89	1925	42973	4.48
	在公共场所大声喧哗	886	46213	1.92	1951	74701	2.61	1071	50504	2.12	2576	72739	3.54	6484	244157	2.66
	随意踩踏草坪和花木	173	17062	1.01	288	18711	1.54	175	14351	1.22	86	20033	0.43	722	70157	1.03
	行人逆向上下台阶	861	6303	13.66	1529	8583	17.81	1473	10157	14.50	1621	10942	14.81	5484	35985	15.24
	行人/非机动车过马路时不遵守交通规则	1817	27730	6.55	1724	22289	7.73	1395	24141	5.78	3089	32289	9.57	8025	106449	7.54
	机动车在斑马线前不礼让行人	470	28316	1.66	506	22203	2.28	590	24748	2.38	737	37081	1.99	2303	112348	2.05
	在马路边或小区内违章停车	307	21842	1.41	347	14309	2.43	332	10973	3.03	731	17182	4.25	1717	64306	2.67
	机动车与他人抢道、抢行或插车	397	26310	1.51	201	19264	1.04	392	23047	1.70	717	32341	2.22	1707	100962	1.69
公共交往	相互之间大声交谈不顾及他人	767	46013	1.67	1741	73611	2.37	1366	55738	2.45	2446	72026	3.40	6320	247388	2.55
	与人交往时没有礼貌	398	21179	1.88	785	32944	2.38	386	26871	1.44	697	40225	1.73	2266	121219	1.87
	乘客之间不相互谦让	49	1818	2.70	42	1299	3.23	45	1419	3.17	50	1990	2.51	186	6526	2.85

续表

指标		07:00～09:00			10:00～12:00			13:00～15:00			16:00～18:00			各时段汇总		
		发生量	总流量	发生率	发生量	总流量	发生率	发生量	总流量	发生率	发生量	总流量	发生率	发生量	总流量	发生率
公共交往	在社区/村内不主动为他人提供方便或帮助	205	12978	1.58	310	25639	1.21	167	13505	1.24	288	14997	1.92	970	67119	1.45
	没有给老、弱、病、残、孕及抱抱婴儿者让座	75	1318	5.69	82	1033	7.94	69	1149	6.01	77	1541	5.00	303	5041	6.01
	向陌生人问路时没有礼貌回应	24	460	5.22	16	469	3.41	21	574	3.66	30	516	5.81	91	2019	4.51
公共观赏	不按时入场、退场	2		4.44	4		8.33	16		8.25	17		4.66	39		5.98
	手机出现声音（包括短信等提示）	3	45	6.67	6	48	12.50	12	194	6.19	16	365	4.38	37	652	5.67
	交头接耳，大声喧哗	2		4.44	5		10.42	15		7.73	24		6.58	46		7.06
	没有照管好小孩而任其到处乱跑或喧哗	1		2.22	2		4.17	3		1.55	20		5.48	26		3.99
合计		10054	360008	2.79	12744	471203	2.70	10252	383177	2.68	17501	531952	3.29	50551	1746340	2.89

注：因"扔垃圾时没有扔进垃圾箱"和"投放垃圾时没有进行分类投放"的不文明现象,总流量是同一次观测所得,故合计一列没有计入"投放垃圾时没有进行分类投放"的总流量数值。

附录4 2014年杭州市民公共文明指数调查原始记录表

2014年杭州市民公共文明指数调查（现场观测）记录汇总表

记录城区：□上城区 □下城区 □江干区 □拱墅区 □西湖区 □滨江区
□萧山区 □余杭区

记录地点：代码（类型）：＿＿＿＿＿ 具体地点：＿＿＿＿＿ 汇总人：＿＿＿＿＿

	指标	07：00～09：00	10：00～12：00	13：00～15：00	16：00～18：00	备注
公共卫生	扔垃圾时没有扔进垃圾箱					
	投放垃圾时没有进行分类投放					
	随地吐痰					
	在禁烟场所抽烟					
	打喷嚏时没有遮掩					
	遛宠物时不主动清理宠物粪便					
公共秩序	在日常购物/票过程中不自觉排队					
	乱写乱画，攀登或脚踏雕塑和碑碣等公物					
	乘车时上下车不排队					
	在公共场所大声喧哗					

续表

	指标	07：00～09：00	10：00～12：00	13：00～15：00	16：00～18：00	备注
公共秩序	随意踩踏草坪和花木					
	行人逆向上下台阶					
	行人/非机动车过马路时不遵守交通规则					
	机动车在斑马线前不礼让行人					
	在马路边或小区内违章停车					
	机动车与他人抢道、抢行或插车					
公共交往	相互之间大声交谈不顾及他人					
	与人交往时没有礼貌					
	乘客之间不相互谦让					
	在社区/村内不主动为他人提供方便或帮助					
	没有给老、弱、病、残、孕及怀抱婴儿者让座					
	向陌生人问路时没有礼貌回应					
公共观赏	不按时入场、退场					
	手机出现声音（包括短信等提示）					
	交头接耳，大声喧哗					
	没有照管好小孩而任其到处乱跑或喧哗					

2014年杭州市民公共文明指数调查（现场观测）分时段记录表

记录城区：□上城区 □下城区 □江干区 □拱墅区 □西湖区 □滨江区 □萧山区 □余杭区　记录地点：＿＿＿＿

记录时间：2014年11月＿＿日，星期＿＿　记录人：＿＿＿＿　审核人：＿＿＿＿

	指标	7:00～7:30	7:30～8:00	8:00～8:30	8:30～9:00	9:00～9:30	9:30～10:00	10:00～10:30	10:30～11:00	11:00～11:30	11:30～12:00	12:00～12:30	12:30～13:00
公共卫生	扔垃圾时没有扔进垃圾箱												
	投放垃圾时没有进行分类投放												
	随地吐痰												
	在禁烟场所抽烟												
	打喷嚏时没有遮掩												
	遛宠物时不主动清理宠物粪便												
公共秩序	在日常购物/票过程中不自觉排队												
	乱写乱画、攀登或脚踏雕塑和碑碣等公物												
	乘车时上下车不排队												
	在公共场所大声喧哗												
	随意踩踏草坪和花木												

续表

指标		7:00~7:30	7:30~8:00	8:00~8:30	8:30~9:00	9:00~9:30	9:30~10:00	10:00~10:30	10:30~11:00	11:00~11:30	11:30~12:00	12:00~12:30	12:30~13:00
公共秩序	行人逆向上下台阶												
	行人/非机动车过马路时不遵守交通规则												
	机动车在斑马线前不礼让行人												
	在马路边或小区内违章停车												
	机动车与他人抢道,抢行或插车												
公共交往	相互之间大声交谈不顾及他人												
	与人交往时没有礼貌												
	乘客之间不相互谦让												
	在社区/村内不主动为他人提供方便或帮助												
	没有给老,弱,病,残,孕及怀抱婴儿者让座												
	向陌生人问路时没有礼貌回应												

续表

指标		7:00~7:30	7:30~8:00	8:00~8:30	8:30~9:00	9:00~9:30	9:30~10:00	10:00~10:30	10:30~11:00	11:00~11:30	11:30~12:00	12:00~12:30	12:30~13:00
公共观赏	不按时入场,退场												
	手机出现声音(包括短信等提示)												
	交头接耳,大声喧哗												
	没有照管好小孩而任其到处乱跑或喧哗												

指标		13:00~13:30	13:30~14:00	14:00~14:30	14:30~15:00	15:00~15:30	15:30~16:00	16:00~16:30	16:30~17:00	17:00~17:30	17:30~18:00	18:00~18:30	18:30~19:00
公共卫生	扔垃圾时没有扔进垃圾箱												
	投放垃圾时没有进行分类投放												
	随地吐痰												
	在禁烟场所抽烟												
	打喷嚏时没有遮掩												
	遛宠物时不主动清理宠物粪便												
公共秩序	在日常购物/票过程中不自觉排队												
	乱写乱画,攀登或脚踏雕塑和碑碣等公物												

续表

指标		13:00~13:30	13:30~14:00	14:00~14:30	14:30~15:00	15:00~15:30	15:30~16:00	16:00~16:30	16:30~17:00	17:00~17:30	17:30~18:00	18:00~18:30	18:30~19:00
公共秩序	乘车时上下车不排队												
	在公共场所大声喧哗												
	随意践踏草坪和花木												
	行人逆向上下台阶												
	行人/非机动车过马路时不遵守交通规则												
	机动车在斑马线前不礼让行人												
	在马路边或小区内违章停车												
	机动车与他人抢道、抢行或插车												
公共交往	相互之间大声交谈不顾及他人												
	与人交往时没有礼貌												
	乘客之间不相互谦让												
	在社区/村内不主动为他人提供方便或帮助												
	没有给老、弱、病、残、孕及怀抱婴儿者让座												
	向陌生人问路时没有礼貌回应												

续表

指标		13:00～13:30	13:30～14:00	14:00～14:30	14:30～15:00	15:00～15:30	15:30～16:00	16:00～16:30	16:30～17:00	17:00～17:30	17:30～18:00	18:00～18:30	18:30～19:00
公共观赏	不按时入场、退场												
	手机出现声音（包括短信等提示）												
	交头接耳、大声喧哗												
	没有照管好小孩而任其到处乱跑或喧哗												

191

2014 年杭州市民公共文明指数调查（现场观测）选点情况

（上城区）

城区	序号	类型	具体位置	负责教师	安排学生	备注
	1	社区	清波街道定安路社区			
	2	博物馆	胡庆余堂博物馆			
	3	广场	吴山广场			
	4	广场	清河坊历史文化街			
	5	地铁口	地铁龙翔桥站			
	6	医院	杭州市第一人民医院			
	7	商场	杭州解百新世纪大厦			
上城区	8	交叉路口	平海路与浣纱路交叉路口			
	9	公交站	惠民路公交站			
	10	超市	世纪联华中河店			
	11	学校	杭州市勇进中学			
	12	交叉路口	定安路与惠民路交叉路口			
	13	影院	胜利剧院			
	14	公交线路	K401 路			
	15	公交线路	区内公交			

注："类型"一列，请在"公园、广场、医院、商场、超市、学校、社区、影院、博物馆、公交站、地铁口、码头、交叉路口、公交线路等"中选择。

附录4　2014年杭州市民公共文明指数调查原始记录表

2014 年杭州市民公共文明指数调查（现场观测）选点情况
（下城区）

城区	序号	类型	具体位置	负责教师	安排学生	备注
下城区	1	码头	武林门码头(武林大厦附近)			
	2	广场	西湖文化广场(近体育场路)			
	3	公园	朝晖文化公园			
	4	公园	城北体育公园			
	5	交叉路口	庆春路与东坡路交叉路口			
	6	医院	浙江省儿童医院(南门)			
	7	超市	世纪联华庆春店			
	8	社区	长庆街道王马社区			
	9	地铁口	地铁凤起路站			
	10	学校	杭州高级中学			
	11	商场	银泰百货(武林店)			
	12	公交站	武林门小广场站			
	13	影院	浙江奥斯卡电影大世界			
	14	公交线路	B1 线			
	15	公交线路	46 路			

注："类型"一列，请在"公园、广场、医院、商场、超市、学校、社区、影院、博物馆、公交站、地铁口、码头、交叉路口、公交线路等"中选择。

2014 年杭州市民公共文明指数调查（现场观测）选点情况
（江干区）

城区	序号	类型	具体位置	负责教师	安排学生	备注
江干区	1	广场	庆春广场			
	2	医院	邵逸夫医院			
	3	博物馆	杭州市图书馆			
	4	商场	万象城			
	5	超市	笕桥物美大卖场			
	6	公交站	地铁彭埠站公交站			
	7	交叉路口	杭海路与九沙大道交叉路口			
	8	超市	九堡世纪联华超市			
	9	学校	杭州电子科技大学			
	10	公园	下沙消防主题公园			
	11	地铁口	地铁文泽路站			
	12	交叉路口	下沙四号大街与三号大街交叉路口			
	13	影院	杭州百老汇影城			
	14	公交线路	K401 路			
	15	公交线路	81 路			

注："类型"一列，请在"公园、广场、医院、商场、超市、学校、社区、影院、博物馆、公交站、地铁口、码头、交叉路口、公交线路等"中选择。

2014 年杭州市民公共文明指数调查（现场观测）选点情况

（拱墅区）

城区	序号	类型	具体位置	负责教师	安排学生	备注
拱墅区	1	公交站	香积寺路口公交车站			
	2	公园	大关公园			
	3	商场	钱江小商品市场			
	4	学校	浙江树人大学			
	5	广场	运河广场（杭印路与绍兴路交叉路口）			
	6	博物馆	京杭大运河博物馆			
	7	医院	杭州市第二人民医院			
	8	码头	拱宸桥公交码头			
	9	社区	和睦新村			
	10	超市	和睦农贸市场			
	11	超市	物美超市莫干山店			
	12	交叉路口	湖墅南路与文晖路交叉路口			
	13	影院	众安电影大世界			
	14	公交线路	B1 线			
	15	公交线路	76 路			

注："类型"一列，请在"公园、广场、医院、商场、超市、学校、社区、影院、博物馆、公交站、地铁口、码头、交叉路口、公交线路等"中选择。

2014 年杭州市民公共文明指数调查（现场观测）选点情况

（西湖区）

城区	序号	类型	具体位置	负责教师	安排学生	备注
西湖区	1	广场	西湖音乐喷泉			
	2	交叉路口	西湖断桥和北山路交叉路口			
	3	公园	杭州植物园			
	4	医院	杭州市中医院			
	5	超市	世纪联华华商超市			
	6	广场	西城广场			
	7	学校	浙江大学紫金港校区			
	8	公园	西溪湿地国家公园			
	9	广场	黄龙体育中心			
	10	博物馆	浙江图书馆			
	11	学校	学军中学			
	12	交叉路口	文一路和教工路交叉路口			
	13	影院	三墩影剧院			
	14	公交线路	地铁 1 号线			
	15	公交线路	B 支 4、B1 线、74 路、86 路等			

注："类型"一列，请在"公园、广场、医院、商场、超市、学校、社区、影院、博物馆、公交站、地铁口、码头、交叉路口、公交线路等"中选择。

附录4　2014年杭州市民公共文明指数调查原始记录表

2014年杭州市民公共文明指数调查（现场观测）选点情况

（滨江区）

城区	序号	类型	具体位置	负责教师	安排学生	备注
滨江区	1	地铁口	地铁江陵路站			
	2	医院	浙二医院滨江院区			
	3	超市	滨江区四桥下口钱江菜市场			
	4	学校	浙江商业职业技术学院后门			
	5	交叉路口	滨文路与火炬大道交叉路口（城郊或城郊接合部区域）			
	6	学校	杭州长河中学			
	7	广场	龙禧大酒店门口			
	8	交叉路口	滨康路与风情大道交叉路口			
	9	交叉路口	风情大道机场高速路口			
	10	公园	湘湖旅游度假区			
	11	广场	极地海洋公园门口			
	12	社区	萧山湖头陈社区			
	13	影院	中影国际影城			
	14	公交线路	地铁1号线			
	15	公交线路	344路、K315区间			

注："类型"一列，请在"公园、广场、医院、商场、超市、学校、社区、影院、博物馆、公交站、地铁口、码头、交叉路口、公交线路等"中选择。

2014 年杭州市民公共文明指数调查（现场观测）选点情况

（萧山区）

城区	序号	类型	具体位置	负责教师	安排学生	备注
萧山区	1	社区	佳境天城成合苑			
	2	广场	流金广场			
	3	交叉路口	建设四路和市心北路交叉路口			
	4	广场	永泰丰广场			
	5	公交站	市心北路建设三路公交车站			
	6	超市	世纪华联			
	7	公交站	时代广场公交车站			
	8	公园	北山公园			
	9	博物馆	萧山博物馆			
	10	学校	城厢成人文化技校			
	11	交叉路口	体育路和市心南路交叉路口			
	12	医院	萧山区第一医院			
	13	影院	萧山剧院			
	14	公交线路	地铁 1 号线			
	15	公交线路	区内公交			

注："类型"一列，请在"公园、广场、医院、商场、超市、学校、社区、影院、博物馆、公交站、地铁口、码头、交叉路口、公交线路等"中选择。

2014 年杭州市民公共文明指数调查（现场观测）选点情况

（余杭区）

城区	序号	类型	具体位置	负责教师	安排学生	备注
余杭区	1	地铁口	地铁临平站			
	2	广场	余杭临平时代广场			
	3	医院	余杭区第一医院			
	4	社区	金桥花苑(原天阳棕榈湾小区)			
	5	公园	临平公园			
	6	学校	余杭育才小学			
	7	超市	余杭临平沃尔玛购物中心			
	8	博物馆	中国江南水乡文化博物馆			
	9	社区	五常街道社会服务管理中心			
	10	交叉路口	五常大道和联胜路交叉路口			
	11	公交站	余杭汽车站			
	12	超市	老余杭农贸市场(原杭州农副产品物流中心)			
	13	影院	代联合影院(西田城)			
	14	公交线路	地铁 1 号线			
	15	公交线路	356 路			

注："类型"一列，请在"公园、广场、医院、商场、超市、学校、社区、影院、博物馆、公交站、地铁口、码头、交叉路口、公交线路等"中选择。

后　记

　　2014 年下半年以来，杭州市社会科学院组织省、市专家学者和相关高校科研人员成立课题组，以科学严谨的态度、周密细致的调查、客观公正的分析，认真组织开展杭州市民公共文明指数调查研究工作，最终形成了《2014 年杭州市民公共文明指数调查分析报告》。报告核心成果发布后，在市内外引起了良好反响，并直接推动了杭州城市精神文明创建工作的深入开展，为城市文明建设领域相关制度的改善和新制度的生成提供了直接的依据。

　　《2014 年杭州市民公共文明指数调查分析报告》是在调查活动领导小组的精心指导下，由课题组组织撰写而成的。综合报告由沈翔、张祝平执笔；问卷调查组为问卷分析报告的主要执笔者；现场观测组为现场观测报告的主要执笔者。当然，这个分工是相对的，其实，每一份报告都是经过课题组反复讨论、修订而成的，是集体智慧的结晶。全书由调查活动领导小组组长董悦审定，沈翔、张祝平承担了全书的写作提纲和研究框架的编制工作，以及全书各项报告的统稿工作。

　　此项调查工作的顺利开展和调查成果的取得，离不开中共杭州市委宣传部、杭州市文明办的大力支持，离不开各区委宣传部和文明办的密切配合与通力协作，离不开在杭有关高校师生的全力配合，更离不开广大市民的热情参与。浙江省社会学学会、浙江省社会科学院公共政策研究所和杭州电视台《钱塘论坛》栏目对本项调查工作也给予了大力支持，在此一并致谢。

　　杭州市民公共文明指数调查，也是杭州市社会科学界联合会、杭州市社会科学院推进地方新型智库建设的一项探索性实践，其中必然存在诸多需要进一步改进和完善的环节，期望广大读者给予指导，帮助我们改进提高。

杭州市民公共文明指数调查课题组

2015 年 10 月

图书在版编目（CIP）数据

2014 年杭州市民公共文明指数调查分析报告/董悦主编；
沈翔等著.—北京：社会科学文献出版社，2016.3
ISBN 978 - 7 - 5097 - 8823 - 3

Ⅰ.①2…　Ⅱ.①董…　②沈…　Ⅲ.①城市建设 - 精神文明
建设 - 指数 - 调查报告 - 杭州市 - 2014　Ⅳ.①D648

中国版本图书馆 CIP 数据核字（2016）第 043030 号

2014 年杭州市民公共文明指数调查分析报告

主　　编／董　悦
著　　者／沈　翔　张祝平　等

出 版 人／谢寿光
项目统筹／恽　薇　冯咏梅
责任编辑／冯咏梅

出　　版／社会科学文献出版社·经济与管理出版分社　（010）59367226
　　　　　地址：北京市北三环中路甲 29 号院华龙大厦　邮编：100029
　　　　　网址：www. ssap. com. cn
发　　行／市场营销中心（010）59367081　59367018
印　　装／三河市尚艺印装有限公司

规　　格／开　本：787mm × 1092mm　1/16
　　　　　印　张：13.75　字　数：209 千字
版　　次／2016 年 3 月第 1 版　2016 年 3 月第 1 次印刷
书　　号／ISBN 978 - 7 - 5097 - 8823 - 3
定　　价／69.00 元

本书如有印装质量问题，请与读者服务中心（010 - 59367028）联系